把土裡土氣變揚眉吐氣

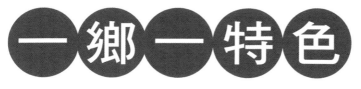

一鄉一特色

地方產業文創與商品設計密碼

文創教主
程湘如 著

CONTENTS

目 錄

Part 1 啟動農產禮的地心引力
農會及小農的品牌轉型之路

Part 2 啟動小農募資的地心引力
和氣稻─小農募資操作全紀錄

CONTENTS

目 錄

【推薦序】

走在"鄉間小路"上
——半失憶後的回想與驚豔

雕塑家 李再鈐

那個時候好像是台灣錢淹腳目之後，當上世紀七十年代後期某一天。

好些日子不見的一位姪女突然叩門來訪，要我為她用毛筆寫四個字——"鄉間小路"，沒說明何用，我也沒追問，好像小詩集的書名，或是一本愛情小說。

我立即採用真、草、隸、行各書體各寫一橫直小幅，又另加寫一紙不合書體都別具風味的小條幅，就這樣交付給她任意選取。反正有機會玩一次書法總是好事，管它幹啥用，事後也就忘得一乾二淨。

回想那個時候我已經非畢業的教職中退下，移居台北近郊一處密植相思樹的山野場域，養狗作伴，過悠閒清靜鄉間生活，怡然自樂，但已誤人子弟好些年了！

又過了一段時間的某一天，我在農會超市上赫然見到一些小農產品的包裝上出現有"鄉間小路"四個字，不成格調的字形，好面熟，那不是我的筆跡嗎？好傢伙！怎麼在這裡遇到你，皮蛋、鹹鴨蛋、蜜餞、果汁，還有什麼麵條等等。

　　噢！原來如此，我恍然大悟。你們從鄉間經了許多小路走到城市裡來，從田畝中走到市場上來，是我那個愛練功夫的徒弟帶領你們走來的。

　　以後我常在超市見到更多貼有"鄉間小路"的其他各類農產品，我知道它已成為家喻戶曉的固定品牌了，一個高知名度的系列產品商標。有一種溫馨的親切感，令我欣慰和喜悅。當然我也經常購買享用，滋味更佳。

　　又經過了好多年漫長歲月，我和程娟之漸覺陌生，神龍只看不見身的偶在友好的畫展会場上邂逅外，甚少往來。她的行蹤我一無所知，彷彿她沒日沒夜地都在練功，忙於她的業務。

　　忽地有一天手機聲響，是她，急促而簡短地說她要出一本書，要我寫篇序言，進而寄來書稿內容和圖片。

　　過目之後，頓覺我已太老朽了，太落伍了！我和她之間有隔著很深很寬的難越'代溝'觀念差距甚大。隨即想電話婉拒，但說不出口，改說須擱延數日詳加瞭解和思考之改'動筆。

經一晝夜再度翻閱細察編目和內容之後，
驚覺到她的功夫了得，劍及履及，直搗"地心"；
沒人教她這樣搞設計，從規劃、開發、創意
到設計、產銷、營運、廣告、上市、國貿；從無到有，從
有到盛；從內到外；從貧瘠到富裕；
　　　　　　　　從小路到大路；

　她並不是僅替既有的產品塗脂抹粉，改換
時裝、矯柔作態而已。她這一套系列性、原統性、
土裡土氣的創業作為，是合理而正確的，這是最
有效的新世代、新商業設計的真道理。

　　她這一槌打到老師傅僵硬的頭殼上，
打醒了食古不化的舊知；她的頑石又擊中了老
師傅心肌梗塞的血脈，疏通了沉滯昏顢的
思路，我已經認識到什麼叫設計、什麼叫文創。

　　　我還活著，程娟娟！我已意識到你的這
一套作業"程式"，正如電腦和手機之捉弄我，雖
不喜歡，卻沒法丟棄，但可以關機。不讓你找
到我，我可以隨時找到你。真好！這很現代，
很現實，不是嗎？

　　　　　　　　　　　　　　李再鈐

　　　　　　　　　　　　　2016. 10. 1.

台北市
忠孝東路四段148號5F之7
頑石文創開發公司
新北市
五股區六巷流路
程湘如小姐收
李再寄

【推薦序】

頑石逆境不轉移，終成大器

法藍瓷有限公司總裁 陳立恆

　　因爲義台文創設計中心的合作項目而結識的湘如小姐，屬於華人文創中的強者之一，從社會大眾對於設計行業輕視冷漠的民國六十年代到人人都知道文化創意等於增值關鍵的二十一世紀，她數十年來以精誠所至的頑石精神，孜孜矻矻地在華人設計圈裡砥礪磨練，經歷了創業失利、他人剽竊、擴張受阻、追尋定位、重建品牌等等難以爲外人道也的種種難關。

　　正是這些難關的打磨，讓湘如小姐在頑石設計逆襲成功後，特別願意將自身點石成金的經驗推己及人到台灣，甚至海峽對岸眾多潛力無限卻資源有限的鄉土產品之上。本書中她集結了多年來在一鄉一特色的文創耕耘點滴，她的努力方向十分契合亞太文創產業協會與義台創意設計中心的起點初衷，我們都希望能夠用文創的力量，讓那些看似土裡土氣、卻代表一方水土人文的食品雜貨，都有著揚眉吐氣的一天。

　　然而，文創人都知道，眞正的文創不是事業，而是一門志業，它是一條路漫漫其修遠兮的旅程，看不見終點，不能問歸途，在創意及智權意識尚在成形中的台灣及兩岸做文創尤爲艱苦，其實台灣自民國 79 年起即借鏡日本「一村一品」（One Village One Product），推出了 OTOP（One Town One Product）計畫，目前已經積累了 319 個鄉鎮的數百樣產品，可惜除了鳳梨酥、高山茶、高檔水果等原本就需求強勁的品項之外，事實上在主客觀環境條件的影響下，我們距離歐美日等鄉土商品的國際化程度，還有一番急起直追的功夫。

　　希冀湘如小姐的頑石精神伴隨此書的問世，能夠邀集更多各界人士加入一鄉一特色的項目推動，讓華人鄉土產品的文創化與國際化更上層樓，不只揚眉吐氣，更在全球市場上終成大器。

【推薦序】

點石成金

八方新氣創辦人 王俠軍

　　輔導地方產業升級，協助打開市場而兩岸走透飛遍了的設計界古道熱腸的大姊大程湘如，終於百忙中出了書，這積累了 30 多年力道的出手，自然琳瑯滿目博大精深。

　　湘如的頑石文創公司用箋上印有點石成金的字樣，創意能否點出金來要絕對的本事和全心的投入，《把土裡土氣變揚眉吐氣：一鄉一特色，地方產業文創與商品設計密碼》一書正清楚地詮釋這魔法的精妙，這本書是她多面向完整地為讀者揭開她獨到「點」祕訣的完全手冊。

　　適切的商品提案，不僅是對業主也是對市場的解決方案，其精髓除了業主認同那是地方或產業特有基因符碼的完美對接外，更要將這些有形或無形的基因幻化為人見人愛的商品，在形塑差異化之餘更精準地帶出商品精氣神的韻味，而完成市場上極大化認同的銷售佳績。書中我們可以看到在理性分析田野調查的訊息後，湘如如何以感性訴求的轉換和活潑爽朗的呈現，讓土氣老成的保守質樸有著容光煥發的愉悅神采，其中有紮實前置作業的基本功，更多巧妙靈動的創意發想，其過程是設計創意工作有趣的地方，這也是這本書熱鬧繽紛的好看所在。

　　湘如曾說「如果沒有辦法撼動人心，基本上就是無效的溝通」，書中她細膩就個案有條不紊地梳理許多如何與業主和市場有效溝通的元素，溝通的手段要理性也要感性，那些調研整理的剛性資料，最終就是要成為從地方到市場種種對應的利多，這高妙的轉換就是湘如的絕活，它讓溝通順暢有效，這能耐就是當道文創產業道行所必要的精進，這本書是學習門道極佳讀本。

　　她這些源自地方文史、生態、自然、傳奇和民藝等、多元田野調查所建構出創意的提案，讓地方色彩更形鮮明而深刻，那是絕對量身定做的血脈相承，這些基因包括從地標、產業……等所嚴選的特色，經她點化，地方或產業特有的元素變得有活力而動人，單看這些活化自生活、文字、習俗等幽默玩味的優雅命名所訴求的商品，即明瞭創意加值後的商品魅力。例如臺鐵古物再生的「鐵不出軌」愛情文鎮，這創意活化了汰換不用的堅硬鐵軌，切片的鐵軌表達了絕不變形的情感，同時外包裝以巧克力甜蜜溫暖的色調，帶出商品剛柔並濟裡外映照豐富的意象，從臺鐵鐵軌到愛情宣誓的情節發酵，耐人尋味且深得人心，又如為苗栗所規劃「森林樂樟」……等等，創意演化過程都如此雅緻流暢，如此撼動人心。

　　從定位、商品、命名、包裝和文案，湘如打造一連串情趣的聯結，彼此在地方風情、有形商品和無形喻意間有著愉悅的感情對應，其中精妙令人莞爾共鳴。仔細品味咀嚼書中所鋪陳各式解題感性與邏輯交織的入徑步術，相信看到周遭城鄉許多生動親切文創商品的景象，再看這本書的詳細陳述，即可理解土氣到揚眉，多麼需要高明的點化。

　　欣見湘如點石成金完整教戰手冊的出版，勞苦功高，特此為序祝賀。

【推薦序】

揚眉吐氣，源於從「心」設計

海峽兩岸文化創意產業高校研究聯盟理事會理事長
中國傳媒大學經管學部學部長兼文化發展研究院院長 范 周

　　程湘如女士《把土裡土氣變揚眉吐氣：一鄉一特色，地方產業文創與商品設計密碼》即將出版，真心為她高興，同時也為兩岸四地文創學子及從業者感到激動。前者是因為程女士是我的好友，新書出版自然值得舉杯祝賀。後者則是因為這本書高度凝煉了諸多創意案例的精華，使其當之無愧地成為文創人學習和借鑒的經驗總結，也算是文創人之福，可喜可賀。

　　全書以「地心力」為主線，串起了農業禮、小農募資、窮鄉林、一鄉一特色、生態文化、台灣在地、大陸各地等多個主題，通過多個文創設計案例的分享，將「一鄉一特色」進行了完美展示，圖文並茂，設計精緻，文字細膩豐富。拜讀完全書，滿眼，滿腦不僅是兩岸特色文創產品的「揚眉吐氣」，「氣貫長虹」，更有對程女士「才思敏捷」、「才氣過人」的敬佩與讚賞。書中每一個設計，每一個文字，都洋溢著她對中華傳統文化特色應用的「人文之氣」、「創意之氣」和「自豪之氣」，滿滿的都是對本土文化的熱愛，對兩岸文創的思考和關注。

　　《2008 世界創意經濟報告》提到，文化創意包括想象力，是一種產生原創觀念的能力，以及能用新的方式闡釋世界，並用文字、聲音與圖像加以表達。在此意義上，這本書就是「文化創意」的最佳詮釋——其最大的特色就在於將中國傳統文化用時尚、新穎的形式進行體現。無論是「日光大稻」的「道」，還是「樟木魂」的苗栗寶，或是「鐵不出軌」的愛情文鎮，抑或是「上朝了」的北京禮品，都是中華文化以小見大，創意應用的典範。程女士通過以一個個構思巧妙的故事，為這些傳統農業產品，披上了創意的霞光，輝映出時尚的風采，訴說著「生活美學」的真諦，也體現出了設計者本身

對於「台灣生活工藝運動」的踐行和對「美」的追求。這種對「生活美學」執著的追求，正是台灣文創發展的原動力，也是台灣重新塑造新零售業的根本動機，更爲兩岸當代微型傳統產業的復興提供了新的精神內核。

這些特色案例的背後蘊藏著程女士對於設計的執著，每一個創意，每一個細節，每一處勾勒都是她親歷親爲的成果。若非深入思考和身體力行，書中演繹的文字不會這樣入木三分。字面上看得是案例的總結，實際上經歷的卻是程女士對於傳統文化創意應用的全過程。非常讚賞程女士這種全心投入的工作精神與生活態度，以及注重每個環節的過程，追求盡善盡美的境界：以此生活態度爲出發點，進行一場從「人心」開始的文創設計──只有爲人類生活進行的設計，才是符合商業趨勢的設計，恐怕這才是這本書如此動人的重要原因。

最後，衷心地祝願這本新著能夠「讓醞釀於台灣這塊土壤的文化創意之美」破繭而出，飛向世界各地，爲中華文化創新實踐與傳播傳承發揮它應有的價值和作用。

欣然爲序。

范周

2016 年 10 月 2 日，於廈門

【推薦序】

關懷鄉土的設計

靳劉高創意策略 創始人 / 榮譽顧問 靳埭強

近日赴台北出席一個台北、香港、深圳、上海四城文化交流會議，約見好友程湘如，得知她的新書快要印刊。我來不及道賀，程氏送上書稿，請我作序，推辭不了。

約三十載相交，湘如的設計藝術發展，我若身歷其境。看見她追隨著前輩的身影，由平面設計、文化海報、視覺傳達形象、品牌包裝和文創品牌……在不同的年代，拓展著她的創作領域，展顯出一道豐盛而亮麗的風景線。我曾與她共渡不少難忘的藝術生活片段。

我不但為湘如的著作寫過序文，坦率地評述她的設計；也常在我的設計論著中，選用她的作品為案例，引証專業理念。2012 年，我又在我的新書《情事藝事 100+1》第三章：友情篇中的「蛻變的彩蝶—台灣設計界的新女性代表」一文中，寫下了一段感性的文字。面對她一再誠意的邀稿，我心內產生了壓力。

湘如交給我一本圖文並茂的書稿，名為《把土裡土氣變揚眉吐氣：一鄉一特色，地方產業文創與商品設計密碼》。細看內容是眾多鄉土產物的文創個案，絕大部份都是新世紀後的新作品，使我對老朋友長期不斷努力創作增添一份敬意。懷著欣喜的心情，我細讀了湘如每一個為鄉土產業揚眉吐氣的實踐案例文本。

全書內容可分成兩部分：一部分是農產品的品牌創新；另一部分是民俗文創產品設計。當中前者由「鄉間小路」國產果汁品牌開始，分享了「山海經脈」養生茶品牌，「日光大稻」、「總統米」、「邱垂昌的米」、「青秧米」與「和氣稻」等稻米品牌，「客家桐花季」的客家文創產業和「稻鴨庄」鴨耕米品牌都是思路清晰，啟導創意密碼的珍貴經驗。

在現今物質生活高度發展，科技與工商業強勢的時代，農業和自然生態易受輕視。這樣失衡的狀態會產生不健康的生活環境。從這個角度去閱讀湘如的「物歸原鄉」設計案例，可使我們思考設計師的設計倫理課題。

《把土裡土氣變揚眉吐氣》書內處處顯現著設計師對土地的關懷，對耕者的尊重和推崇，對農作物的珍惜，創造勞動力應有的價值，對自然生態的善用，對民俗文化的承傳、創新、提升品味，注入生生不息的生命力。從土裡來到生活去，就是湘如的核心設計理念。

2015 年，我把在汕頭大學設立的「設計倫理」課程，與潘家健（授課老師）合著了《關懷的設計——設計倫理的思考與實踐》一書，已出版發行。目的是希望新一代設計師回歸基本，從人文倫理的角度看設計，同時從設計的角度來回想倫理道德，思考設計與人類、社會及自然萬物的關係，才能做出好的和有意義的設計，造福世界。

程湘如不愧為我的知己同道，她懷著謙恭的態度、關愛的心胸，在不同的空間中默默地實踐著造福世界的設計理念。

祝賀湘如新書面世之餘，同時向設計愛好者推薦這本書，希望引起對土地和民俗文化的關懷，以及對設計倫理的反思。

【推薦序】

文創心經 文化創意產業實踐心得與經歷

台灣文化創意產業聯盟協會創會會長
中華民國工業設計協會理事長
亞洲大學講座教授 林磐聳

每當有人探討台灣的「文創產業」是如何地具有特色？又有哪些值得？必須得回歸「文化創意產業」本身是由「文化」+「創意」+「產業」所產生的複合名詞，正因為這樣的複合名詞而衍生出不同的側重面，有人重視文化面、有人凸顯創意性、有人則強調產業端，由於每個人各自有其本位立場及既有的觀點，導致於往往各說各話，也都各有道理而讓人無所適從；但若是要評估究竟是誰所論述的文創產業之優劣得失，其實可以擁有實踐心得與親身經歷者最具客觀，這樣的文創產業的論述才是正確且值得參考的觀點；因此本人將這種論述稱為：「文創心經」。

程湘如女士是台灣設計界人人稱讚的「俠女」，她總是路見不平、仗義直言而難免得罪他人；但是這次她把有話直說、不吐不快的個性，轉為著書論述：《把土裡土氣變揚眉吐氣：一鄉一特色，地方產業文創與商品設計密碼》，將她近 40 年從事廣告、設計、文創，跨界與跨領域的實務經驗匯編出版，尤其是她在兩岸從事文化創意產業的實際案例，毫不保留公開從企劃、定位、策略、設計、提案、執行等完整豐富資訊，分享了多年實務操作經驗，細細讀來宛如領略一本直指人心的文創心經，令人有豁然開朗的暢快之喜悅；特為推薦，以饗讀者。

【推薦序】
開創地方文創產業新視界

國立故宮博物院院長 林正儀

　　1995 年台灣推動社區總體營造，爲振興傳統產業轉型，倡導文化產業化、產業文化化施政理念，希望地方初級產業能藉由文化內涵提升爲具在地歷史文化特色的三級產業，其後文化創意產業風行全球，台灣在 2004 年後陸續推出第一、第二期文化創意產業計畫，台灣發展產業轉型至今 20 年，在這期間，看到湘如積極參與各地傳統產業創新轉型的投入、堅定與熱情，足跡遍及台灣各鄉村社區，令人感動。

　　湘如集成了她參與文創產業的成功經典案例，是有志於商品研發、品牌策略、市場行銷從業者的工具書，同時，也極適合作爲走讀台灣「地心引力」的文化寶藏索引。

　　本書總共了台灣各代表鄉鎮—地標、產業、觀光、民俗、信仰、祈福、美食元素的全紀錄，是台灣本色的故事集，全書訴求在地的地氣活力，採集常民的生活美學，激盪業者的創新精神，鋪陳了台灣從土裡土氣出發的可貴，迎向揚眉吐氣的動人篇章！

　　很高興推介《把土裡土氣變揚眉吐氣》這本企圖以台灣鄉鎮爲視角，以在地特色與文創產業爲關懷，以台灣人民與土地共榮爲信念的「台灣文創學」，值得讀者捧讀。

林正儀

【推薦序】

湘如眞女子

BBOD 黃禾國際廣告有限公司營運董事
國立臺灣藝術大學視覺設計系研究所專任客座教授 何清輝

湘如眞女子！

從屏東土生土長、土裡土氣，到台北揚眉吐氣；

從銘傳設計菜鳥到設計頑石；

從師大設計研究到設計教授；

從平面設計教母到文創裸母；

從兩岸三地情到一鄉一特色；

程湘如，四十年的功力、把各地的「地心引力」動化成「吸引力」。

眞「女子」！

從領袖侍衛到電視名嘴；

從青天白日到兩代忠魂；

老公天鐸，一年內連寫二本著作，

把「過去不能說的」變成「現在能不說嗎？」

正好，夫唱婦隨前後出版揚眉吐氣！

有書才會贏（我自己沒有出書，當然就賭輸），

相信大家看了這一本特色文創

會發現湘如多麼用心用情，用行銷用設計與各特色鄉鎮分享，

如何將過去不會說的特色，現在可以說的很有特色。

恭喜 湘如！（同學與有榮焉、也更形慚愧）

【自　序】

我的設計寶劍

　　一代宗師中的靈魂人物「宮二」，在電影旁白中的對白「我分分秒秒都保持練功狀態」，這句話讓我印象深刻。我雖不是宮二，但在家中排行老二，大姊長我八歲，從小不但孝順且善解人意，在那大時代中克勤克儉的為家裡付出甚多，弟弟小我不到兩歲，我們從小就互打互整，在那貧窮沒有玩具的年代，我看武打電影學會壁虎功，家裡省吃儉用擠出一點玩具預算也是買弟弟的刀槍劍，因為武打長大，在高中參加衛武戰鬥營打靶競賽，獲全營隊第三名的佳績。

　　從屏東到台北念銘傳商專商業設計科，是自己一意孤行的選擇，感謝銘傳斯巴達式的三年學習，讓我更堅定自己無怨無悔走上設計這條不歸路。當年 21 歲就決定留在台北這個戰場，遠離家人的背後原因，一是當年設計在台灣才萌芽的南部仍是荒漠，二是避免讓軍事嚴管的父親主導我的未來，於是在舉目無親下獨立在台北紮營打拚。

　　當年軍公教家庭生活清苦，每月除了房租和生活費外，三分之一的薪水要寄回家用；高壓吃苦的南部成長歷練，讓我具備不服輸的性格，當時一個人孤立面對無奧援的所有委屈與不平，腦中響起的是「天將降大任於斯人也，必先苦其心志、勞其筋骨、餓其體膚………」孟子之座右銘，後來在男性為重的生態圈中，忍耐仍然很受傷，於是改變戰略，採取以牙還牙、以眼還眼的土法，不久男性主管們幫我取了個「不鏽鋼」的綽號，表示我能吃、能喝、能做、能說、能打的「永不磨損型不鏽鋼」，這是後來再加碼的褒獎稱謂，在當年重男輕女的時代，不失為由大男人主義者贈送的一頂心服口服的皇冠吧！

　　我歷經電影公司、傳播公司、廣告公司、設計公司、建設公司等多元環境，畢業後幾年中也是不停轉換職場，和大多數現今之年輕世代不同的是，我除了是使命必達的竭盡所能外，思想上也有獨到之見

解，若主事者觀念未能與時俱進，經過面對面溝通而還不能有所改善，我就開始尋覓下一位智者。1988年在完全沒有人脈及背景下成立頑石設計，是不得已之迷思。迄今想想亦無法論斷是否正確，這期間歷經人生重大波折，都是後來公司擴大後合夥人的背信，深自反省是自己太專注設計事務下，信任朋友所致，這個慘痛教訓為我上了一堂值上千萬元的企業管理課。

我以兩年時間修護自己並償還大半債務，這期間要感謝當時服務的重要客戶「寒舍」，由王定乾總經理向蔡辰洋先生說明我面臨的狀況，適逢他們想要跨足文創業，於是收編了頑石成為寒舍開發顧問公司，兩年中我提了許多方案，這是我正式接觸文創之始，後來寒舍評估投資來來飯店（後更名喜來登飯店）的回收較具效益，我們合作終止。2001年頑石重生開始時，竟然一家剽竊頑石旗號的山寨頑石，搭了我辛苦建立以中華文化為基礎的順風車，連熟悉的朋友都被蒙蔽，我無暇維護公司商譽，與其和公司名都據為己有的搶匪交手，不如為許多需要我開創未來的企業用力一搏來得有價值。

在我人生沉浮這段時間，出現三道曙光引領我在茫茫大海中前行，第一道光是銘傳學妹林珮淳老師，邀請我到中原大學商業設計系兼課，我有感當年銘傳商專包校長竭盡心力聘請知名業師授課，讓我們具備與業界同步的能力，欣然接受之，並開創自己研發的客製專業教材，立誓做好教育傳承，以示回饋。

第二道光來自有設計教父之稱的林磐聳老師，他力邀我去師大進修碩士，畢業後又介紹我去東方技術學院（現更名東方設計學院）專任，讓我有機會運用自創的設計教學方式，成功的協助資源落差大的南部學生，交出好成績。第三道光是現任故宮院長的林正儀先生，從

文建會轉任國立臺灣歷史博物館籌備處主任時，委我設計破土典禮紀念品，後來他轉任工藝發展研究所所長（後改為工藝中心），邀請我擔任各項工藝評比，進而接觸台灣臥虎藏龍的各領域工藝家們，開拓我的視野也接續後來工藝創新合作之始，他是我能很快進入文創新域的大媒人。

1990 年在外貿協會設計中心（後改組成現今之台創中心）的亞洲設計展中，結識了設計作品令我折服的靳埭強先生，因為我們都常轉化中華文化符碼於設計中，收藏喜好及使命感等價值觀接近，至今成為莫逆；後他推薦我代表台灣到日、德參展，我幸運可以近身學習靳叔的待人處世之道。也經由靳叔而認識香港、深圳、澳門的設計同行，1994 年有感於台灣必需與國際設計交流，以提升自我能力，我和簡正宗、王炳南三人共同成立中華平面設計協會，簡稱「TGDA」，迄今已邁入 23 年，完成許多設計的社會責任，並連結設計業師進入校園任教或分享的臍帶。

自 1977 年畢業迄今，我在職場工作正式邁入第四十年，一路隨著市場需求，從企業識別形象建立、農會包裝設計改良及品牌建立、產業輔導、工藝產品轉型、鄉鎮特色商品輔導、文創產業發展等，我因為樂於改變而在產業運作中、累積了寶貴的經驗。今年七月我的銘傳恩師李再鈐老師，以 89 歲高齡展出自己一生的雕塑作品，令人驚嘆其生生不息的動力，正可以作為我 60 歲的未來新里程碑。

2015 年先有王俠軍老師帶領我一起為甘肅馬家窯設計文創商品，後有陳立恆總裁引導我進駐義烏的義台文創中心，是我自重慶、北京、西安、揚州、武漢等地累積經驗後，正式接觸大陸文創旗艦計劃的導師。前臺北市文化局長、後擔任臺北市副市長的李永萍女士，為我在兩岸文創產業分享的案例中給予最大的宣傳，中國傳媒大學文化發展研究院范周院長，則在應邀蒞臨台灣的設計博覽會中，看著我為

傳統產業轉型之展，給予支持及中肯的點評；是好友也是我尊敬的同學何清輝老師，在我面臨難關時主動且及時給予助力及溫暖，並不斷以廣告界的策略分享來增強我的超能力，我們常常百無禁忌的互相打氣及鼓勵。加上默默看我熬夜看我心力交瘁，主動張羅打點家裡事務減我煩憂的先生李天鐸，則是我最重要的精神支柱！我何其有幸修來這些貴人，在生命中為我點燃每一盞希望之光，還要在百忙之中為我寫序，我由衷感謝您們！

我的父母早在出書願望完成前仙逝，感謝他們生了我，並留下「貧賤不能移、威武不能屈」的傳家寶，我才得以在人間亂流中，保有赤子心，克服重重障礙。我也非常感念我的姊姊，支援三年銘傳求學時的生活費，並隨時提供設計資訊來灌溉我，因為大姊和弟弟對母親悉心照顧，我才得以無後顧之憂的投入設計工作，他們也間接幫助了台灣微型傳統產業的成長。

喜歡觀察人事物及關心科技改變時代下的我，是個從小到大都在幻想與現實中切來換去的過動兒，離島如金門、馬祖、澎湖，南台灣如屏東、六堆，東台灣如台東、花蓮、新北市等偏鄉都有我輔導產業的足跡，因為從小在鄉下成長、台北歷鍊後，深感城鄉落差大，思考如果設計可以協助窮鄉改變提升，將是我從事設計創新工作上最大的心願吧！我一如「宮二」，隨時保持練功狀態，時刻帶著老天及父母傳承給我的磨刀石，上山下海遊走各地磨刃練功，這樣就可以自由進出江湖，以設計寶劍濟弱扶貧。

2016.09.18

物歸原鄉‧風生水起

　　期許自己成為終生從事設計工作的我而言，是屬於社會中較容易消費藝術品、創意小物、生活精品等非生活必需品者，因此我擁有了以各式各樣的東西方藝術形式之特殊跨材質大小物件，在此之前也因工作緣分，接觸到企業收藏家們在拍賣會中斬獲的藝術品及工藝精品，這些皆為世界唯一，命運相同的是它們都存放於保險箱中，或在嚴密監控中，這的確只有少數人能擁有，但其個人亦難以任意把玩及分享，這種超級藝術品的生活欣慰感是私密的「獨樂樂」！

　　我們現在收藏並可任意把玩的各式老物件，無非在當時正是「常民」生活中的日常器物，是屬於民間的，扮演實用功能的角色，也彰顯取之於自然、成之於匠師的美學素養。然時代物換星移中，百年以降的常民生活器物即使有其傳承的脈絡及研究價值，但亦非複製得以適用於今，因此屬於當代的工藝家及設計師們，逐漸搭起一座新時代概念的文化美學之橋，橋上承載著當今生活語彙的藝術思變、工藝轉型與文創新思路，橋的兩端，一端是創造者，一端是消費者，橋上人來人往各取所需漸漸形成汰舊換新、適者生存的商業良性爭奇鬥豔。

工藝品與工藝用品擺動的兩端

　　工藝品正如藝術品，擁有唯一性的價值，而拜科技之賜，由原件經擬真的複製技術日趨成熟，畫作、雕塑、工藝等由授權機制到科技製程，讓一般人皆可擁有高質感的平價精品，這種限量或大量的複製藝術品，大陸稱為高仿品，一般用於飯店、公共空間、企業環境裝飾及個人喜好，作為擺飾等空間美學營造之用途，可以滿足心靈追求及送禮美意的基本價值。

當經濟條件達到一種高度時，追求藝術或工藝獨一性者大有人在，他們以獨到眼光與美學素養，挑選並長期收藏工藝家們的手作質感好物，因為不是古董，隨時可以把玩、使用與分享，同時工藝家在獲得支持的生活無虞下更可精心創作，實為一種伯樂與千里馬之間的情懷，也是在生命滋養下創造了更豐沛的良性循環原動力。

工藝用品與文創商品取向的兩端

生活工藝用品中最為普遍者為花器、茶器、置物器與香器，其取材於大自然之產物為主，如竹、木、土、石、金、銀、棉、陶瓷、玻璃等為多，技法則有雕刻、塗漆、各式施釉、彩繪、手編、染、織等，屬於需要美學素養加上手工的純熟技巧，才能完成的工藝技法。以上除陶瓷、玻璃、金工可以採用開模方式，來量化及商品規格化外，大部分的手作工藝都是生產緩慢、人工成本為高的，屬於較高質感的「精品」，追隨之族群是我們視為「小眾」的高品味人士。

文創商品與常民用品互補的兩端

在時代不斷的推進下，當今大眾使用的物品，結合文化、美學及各種方便取得的材料，以量化的方式生產，讓普羅常民可輕鬆擁有，具有實用性、話題性、紀念性、庇佑性、安慰性等理性或感性的功能，就可稱為「創意商品」；如再加上文化性、典故性、自然取材等，則馬上進入「文創商品」的層級，這是在量化的基礎上，降低成本後的平價親民路線，讓普羅大眾也買得起的文化小物。

　　兩岸文創商品從工藝的高價值、少數人士擁有，到當今的普世價值、讓多數人擁有的板塊快速移動，畢竟文創必需建立在常民化、普及化、當代化的基礎上，才具有長久性的發展支撐力。

常民好物與鄉鎮 IP 共振的兩端

　　我們先從國家禮品談起，比如荷蘭，馬上聯想到荷蘭代表性的木鞋及窄形的建築立面，法國想到巴黎鐵塔、義大利對應到比薩斜塔，比利時的尿尿小童，則以單一標的開發出千件以上的文創小品，而世界上最具代表性的國家禮品，則首推蘇俄的俄羅斯娃娃，這些都是非食品的文化屬性代表禮品。

　　具有豐富文化的台灣和大陸，要談到文化禮品的唯一性很難，但各地風貌則各具特色變化，這即是鄉鎮魅力差異化可貴之處，尤其在旅遊休閒風潮大趨勢下，旅人在旅途中的記憶與紀錄除了拍攝留存外，帶回在地代表性的產物，留下永恆銘記或分享給親友們，就是讓人際互動間最愉快的收穫了。

　　One Town One Product，簡稱「OTOP」，一鄉鎮一特色之意，是在文化創意產業大旗下最接地氣的務實作法，一方面結合在地特色，如地標、信仰、民俗、美食、產業等土題，以設計創意提煉文化，有趣、實用、銘記性的商品 IP 密碼（註），可以型塑成為地方代表性紀念品，同時鄉鎮藉此對接在地產業，打造自產自銷的產業經濟鏈，並進而擴大就業人力市場，提振地方活水，造就精采活力的美麗鄉村新境界，此即鄉鎮地心引力的強大磁吸效應。

以分享概念啓動複製量化

投入畢生精力的工藝家，一生追求的是登峰的藝術極緻，作品從數十件到數百件不等，鑑賞家及有能力擁有者亦爲少數。現在如何將工藝家們的核心技術，結合當前具市場魅力價值的量化機制，能讓更多人可以擁有，就是一種分享的視野；而在量化機制下的生產鏈，可提供更多就業機會，也是關懷社會的回饋行動之一，這樣的良性循環，在傳承中一方面爲人才紮根奠基，同時也爲個人生命歷練戴上另一頂桂冠，即爲擴大消費面向的「眾樂樂」分享思維。

接受西方主流教育的商品設計師們，一定要加強東方文化的養分吸收，方能開創具華人血統的地方特色風格商品；如果有機會與傳產工藝師們合作，才不致被視爲年輕無知，降低合作意願。商品開發設計所投入的經費甚高，一定要從該類工藝材質特色出發，作合理的創新或結合異材質適性，展現具包容力、差異化、親人性、價值感的專屬 DNA，並需在合理製程、成本、時間掌控下量產出超值好物。設計師們千萬要虛心學習、耐心溝通，唯有在完善團隊的資源整合下，才能不斷提升專業能力，這應遠比單打獨鬥的創意市集有更具社會貢獻力，並可爲地方帶來寬廣可期的美好未來，形成生生不息的善循環。

[註] IP，源自英文 Intellectual Property，是知識產權 (版權) 之意，由網路上運用流行而來，每個作品稱為一個 IP，即打造出獨一無二的形象之意，涵蓋圖像、小說、故事、商品、造型等各種創造的內容。

Part *1* 啟動農產禮的地心引力
農會及小農的品牌轉型之路

福爾摩沙美麗之島的台灣，物產多樣且豐富，然而我們農會系統的行銷推廣課及個人務農者，泰半保守及老實，長期以來也都像隨著馬戲班子式的走唱行銷，辛苦奔波於各市集擺攤。缺乏的是面對通路型態的市場操作及消費端，從市場競爭力立基、開啟策略、以核心差異提出競爭策略，再回歸包裝主體的形塑。

在參與農會與小農的品牌轉型當中，因為信任及無形的默契，我們之間合作愉快。令人驚喜的是每一個新品牌的誕生、註冊、到包裝產出、定價策略、市場行銷等，全部在上市後超越預期的創造高業績，端見務實的產品，在結合創新的市場藍海後，品牌競爭力是超倍速成長的。

我成長於貧瘠的屏東鄉下，小時候住過坊山鄉、竹田鄉、內埔鄉，之後搬到屏東糖廠，在遷徙的日子裡，農作物與家禽養殖等純樸的生活寫照是我的日記，看著農民們在太陽下、土地上揮汗，原住民及農婦們常帶著自家種的蔬果挨家挨戶的敲門求買，這一幕幕在我心中烙下深刻的印記，一顆悲天憫人的種子開始發芽。

民國 78 年，我承接外貿協會設計中心為農委會旗下之國產果汁設計包裝，之前操作過的茶葉、香菇、金針等農產品，都在農會共同標誌下彰顯大大的品名，而僅以農會共同識別當成是品牌，當時我思考著農會這樣的制式傳統形象，一定無法擺脫大眾對農會產品的廉價印象，其微利營銷的瓶頸將被市場淘汰。於是針對果汁包裝案主動提出十個品牌思路，說服農委會官員們應該帶領傳統農會邁向市場化通路，最後「鄉間小路」雀屏中選，第一波實施於國產果汁系列，這應是農會系統中建立的第一個品牌。民國 79 年台灣在世貿一館舉辦國際食品展，鄉間小路品牌帶領的國產果汁首獲日本信任，日方要求所有銷往日本的台灣果汁包裝上，必需印上由農委會認證的 CAS 加上鄉間小路雙標誌，共同作為識別身分證明，方可輸日，於是台灣的果汁風光地踏上日本土地，這是農產品外交上的最大勝利。

鄉間小路是農委會旗下第一個品牌，由於上市後業績長紅，即以母雞帶小雞的方式，分批納入更多品項加入鄉間小路品牌陣容，從生鮮食品到經認證之加工食品，如養生皮蛋、芬園米粉、宜蘭金柑蜜餞等一一加入鄉間小路旗下。當時農委會破天荒撥出廣告經費，在三台大作 CF 廣告，鄉間小路迅速成為家喻戶曉之農產品領導品牌，影響所及之農委會旗下《農業週刊》，亦轉型改版為現今之《鄉間小路》期刊迄今，足見品牌效益及無形之影響力。

在此因緣際會下，各農會開始有所啟發，紛紛投入品牌經營之路，之後不少農會及小農們也一一登門造訪，希望我為其塑造品牌、改變包裝，而我總要親自下鄉充分了解現況，從市場競爭力立基、開啟策略、以核心差異提出競爭策略，再回歸包裝主體的形塑。

農會系統的行銷推廣課及個人務農者，泰半保守、老實，長期以來也都隨著馬戲班子式的走唱行銷，辛苦奔波於各市集擺攤，面對通路型態的市場操作及消費端，理所當然的沒有頭緒，但他們往往聽了我的分析及建議後，馬上可以理解、認同並表達改變的決心，因為信任及無形的默契，我們之間合作愉快。令人驚喜的是每一個新品牌的誕生、註冊、包裝產出、定價策略、市場行銷等，全都在上市後超越預期的創造高業績，端見務實的產品，在結合創新的市場藍海後，品牌競爭力是超倍速成長的。

在農委會推動農會共同標誌時，我擔任輔導臺東縣農會轉型的大任。1997 年教育訓練的 CI 共識會議中，牽動了「土地」資源長年閒置的議題，於是共同勘察評估了臺東縣農會所持有的幾塊土地，最後選擇目前知本的「東遊季」溫泉度假村現址，開發休閒產業商機。東遊季自 2002 年迄今，早已成為台東縣農會的金雞母，彌補早期盈利而現今式微的飼料廠及農會超市的虧損。

在東遊季規劃上軌道後，接著進行啟動農產品的革新之路，我首先規劃「東遊季採集館」，建立優良農特產品的行銷通路，囊括台灣各地優良農特產產品，讓臺東縣農會在共同競爭的平台上有所比較及警覺；第一步先提出以養生及有機產品為主型塑的「山海經脈」品牌，在全新的市場策略轉變下，包裝更新後，並為其一一調高訂價，朝進軍都會市場通路邁進，自 2006 年開始，山海經脈旗下商品已成功打入台北都會市場，率先擺脫傳統農會的村姑式廉價俗文化產品形象。

從臺東縣農會到山海經脈的品牌建立

我以品牌加持，有效協助農特產品擺脫長久以來的廉價宿命。

長期以來，農會商品都是以低價銷售方式面對消費大眾，造成消費者長期對農特產品低價的鄉土印象。台灣土地面積小，市場與世界各國比較相對是小型的規模，加上受到 WTO 開放後的影響，農特產品勢必要往精緻化的方向操作，在面對國際進口農業的競爭壓力下，才能有生存的活路。

有鑑於此，我們為臺東縣農會操作完東遊季採集館及航站店的整體形象規劃後，面臨貨架上缺乏精緻高檔的禮品配比，如此勢必無法擦亮東遊季航站店的品牌。因此在 2004 年開始著手進行農特產品的新品牌規劃，藉由農特產品的重新定位及提升，事先為臺東縣農會開創未來伴手禮市場新商機。

山海經脈品牌 LOGO

首先為有藥草之鄉的台東縣，開創「山海經脈」作為養生保健系列的品牌名，此品牌源自《山海經》，這是中國最早關於自然界植物與礦藏的著作，期許養生功效可以沿著人體的經脈運行全身；山海經脈同時傳達台東山、海景觀的地域特色，以此發展出台東天然有機的養生商品系列。

在「山海經脈」的品牌整合下，設定健康、養生的市場定位，發展出台東天然有機的養生商品系列，第一波為魚腥草茶、洛神花茶、五葉蔘茶、白鶴蔘茶、菊花茶等養生茶換裝，以迎合追求健康養生的消費需求，第二波加入洛神蜜餞、金板條、金針、柴魚、手工餅乾等加工食品，從品牌建立到改變包裝、提高售價、最後創造利潤的完整規劃。

山海經脈的品牌密碼

取自中國最早關於自然界植物與礦藏分布的著作《山海經》，
呼應台東的山脈與海岸地貌，
再結合人體經脈運行概念的「脈」字，
具有打通人體任督二脈的連想，
經整合後打造出代表臺東縣農會的健康養生品牌——山海經脈，
與台東天然山脈海岸之特殊景觀相呼應，
具體展現台東地域特色的品牌精神。

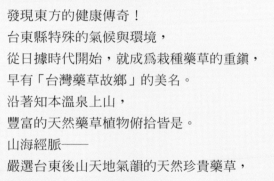

山海經脈的品牌故事

發現東方的健康傳奇！
台東縣特殊的氣候與環境，
從日據時代開始，就成為栽種藥草的重鎮，
早有「台灣藥草故鄉」的美名。
沿著知本溫泉上山，
豐富的天然藥草植物俯拾皆是。
山海經脈——
嚴選台東後山天地氣韻的天然珍貴藥草，
加上代代相傳的養生配方，
開啟一系列天然山林藥草精華的健康傳奇。

山海經脈品牌從在地土味脫胎換骨的四個轉變

一變 選擇都會上班族為主力的多款養生茶品換裝，切入主客層。

二變 以精緻包裝提升品牌能見度，觸動消費者內在需求、
進而產生品牌認知。

三變 調整產品容量同時提高終端售價，開發台東以外的都會型通路。

四變 以草本生態插畫作為包裝識別系統，建立藥草 DNA 的品牌家族血統。

包裝改造三部曲，奠定醜小鴨變天鵝之路

首部曲 **主力商品更名**

關於山海經脈在包裝操作上，特別採用「母雞帶小雞」的方式，將最有價值的魚腥草茶作為主力，但受限於一般大眾對此品名有不佳連想，先將魚腥草茶更名為「銀星草茶」，成分中再標示取材自魚腥草，以此避免消費者因品名而與商品絕緣。

二部曲 **調整單包裝容量**

原有之單包裝容量 2g，沖泡後較淡之因，研判是以方便待客紙杯沖泡的容量制定，但因主客層調整為上班族女性，辦公室之杯子常使用馬克杯或保溫杯，其容量較大，因此將單包裝調整為 4g，以因應消費者實際上的濃度需求。

三部曲 **打造送禮型禮盒**

針對在機場通路中常態接觸的差旅族，從台東帶回都會的公關送禮需求，特別為銀星草茶打造一只絲質寶盒，其價位高出其他健康茶品一倍，但質感上做到超越價格的催眠力，不但馬上與目標客層一拍即合，同時也帶動其他幾款平價茶品的銷售。

山海經緯脈從藥草茶系列出發，逐步推出蜜餞乾貨系列（下左）到草本沐浴包（下右），打造完整的養生品牌銷售陣容

加工食品品項名稱特別請台東池上的書法家蕭春生撰寫

沐浴包有三款，天天神氣、天天好夢、天天清爽，以品名暗示功能

山海經脈養生茶禮系列

「日光大稻」為桃園稻米開拓一條康莊大道

2006 年我為桃園縣農會「桃園 3 號」稻米品種，建立以日光為名的「日光大稻」品牌，在這之前去了超市及了解農會的稻米包裝現況，定出了鮮亮的橘色調來連結日光的活力意象，以力求在賣場展露頭角，但更設定以「上班族女性」為主力客層，規劃 300 公克一次使用之包裝規格，因為都會型對象外食者多，工作繁忙偶爾才做飯，300 公克真空包裝，較不擔心米放久了長蟲或不新鮮等問題，且一次可煮出 4 碗飯，適合小家庭或單身者。

打造世界第一張「稻殼紙」

當時我觀察訂婚市場之喜餅選擇，在大眾健康意識下有了新的機會，於是提出建議，針對年輕客層打造時尚風格之創新「囍米」禮盒。首先我請農會向農民收集廢棄的稻殼，再提供給台中埔里手工紙廠特製成「稻殼紙」。當世界第一張稻殼紙問世，其質感效果非常令人振奮，當下即預測了它具有影響力的未來。

以稻殼紙為外衣裰褙的極簡米色禮盒，棉紙在點點稻殼的加入後，似乎在空氣中散發著穀香，右上角烙上「日光大稻」的品牌、閃著古銅金的光澤，正像陽光照在布滿一顆顆稻殼的大地上，開啟處則可依節日或客製者的需求綁上不同色系的紗質緞帶，在樸實中展開輕巧般的雙翼，獲贈者收到禮盒的同時，似乎聞到米香瀰漫在空氣中。

這款以白色為基調的禮盒，要改變傳統農會實則大不易，但我極力說服且有十足把握的分析，是因為目標客層設定在 28-40 歲的都會女士，她們眼光及思維是值得冒險一試的，桃園縣農會最後終於首肯的把命運交到我手上。當白色包裝的日光大稻禮盒在上市後，訂單不斷且廣獲年輕世代的青睞，我鬆了一口氣，也為他們高興；農會人員至今中午都守在電話前，不想錯過任何接單機會，從接電話的搶接及熱誠態度，可見日光大稻前瞻式策略，開啟傳統農會從背動行銷邁向連動性的蝴蝶效應。

以稻殼放入紙漿中造紙，誕生全世界第一張稻殼紙

從桃園 3 號到「日光大稻」的品牌幕後密碼

運用形象鮮明的陽光橘作為品牌色溫，

展現日光大稻的活力，

經過陽光洗禮的飽滿米粒，

淡淡的散發出米香。

包裝材質的選擇上，

特別以特殊加工將稻殼混入天然紙漿中製成稻殼紙，

讓包裝直接呈現樸實無華的種子質感，

展現日光大稻的品牌 DNA。

陽光橘的米袋，

陳列架上可以在第一時間快速擄獲消費者的目光，

有效打響新品牌的知名度。

日光大稻米禮盒
300 公克 6 入裝橫式禮盒

日光大稻的品牌故事

陽光照拂下的金黃稻穗，
躍動健康之姿隨風起舞著，
每顆充滿能量的果實，
正是以日光為名的新鮮之稻，
也讓生活邁向幸福大道！

因為上市即接獲訂婚喜米訂單，
我們立即提供一個結婚成套的主題禮袋。

日光大稻喜米禮盒
1KG 2 入裝直式禮盒

從日光大稻到「日光茶道」的家族延伸

在日光大稻成功銷售後，桃園縣農會希望我再為台茶 18 號─
「紅玉」，開發新品牌及包裝，於是我以品牌家族的延伸概念，提
出「日光茶道」專屬茶品牌，當可與「日光大稻」同屬日光家族旗
下，且「稻」與「道」因同音而易連結記憶。禮盒包裝則形塑「茶席」
意象，針對內行的品茶族群。

日光茶道品牌故事

金色陽光下閃耀的紅寶石

這一段天賜姻緣，

源自台灣野生山茶與緬甸大葉種的異國混血基因，

誕生了台灣特有種紅茶—台茶 18 號，

近年以「紅玉」之名嶄露頭角。

在清澈的龍潭山水懷抱中，

以溫暖的優質紅土為搖籃，

以金色的日光維他命護衛，

茶農們日以繼夜與茶園為伍，

提煉一心二葉手工採摘的修行功夫，

在 90 度沸水中全然釋放的，

是天然肉桂及淡淡薄荷清香，

是如紅寶石般的閃耀色澤，

是午後陽光下盪漾的幸福之道。

第一波試水溫的小量生產，
以迷你卷軸形式推出

日光茶道禮盒
經過迷你單罐包裝的肯定後，
正式開發量產禮盒裝

建立以邱垂昌個人爲延伸的稻米品牌

日光大稻首次曝光在農委會召集的農產品展示會上，也是那次這位
來自台東池上的自耕小農「邱垂昌」，他自我介紹說 2004 年獲得台
灣第一屆稻米比賽冠軍，針對已申請的「總統米」品牌，希望請我
爲其打造包裝形象，我用了半年時間研究如何成功爲一個小農以最
經濟的方式，能和大品牌在市場上競爭，最後成功的爲其旗下「建
立以邱垂昌爲名」的三個家族血緣系統：

邱垂昌的直系→品牌「總統米」
定位／專爲高檔送禮用。
　　　　3.2 公頃稻田由邱垂昌親力親爲。

邱垂昌的旁系→品牌「邱垂昌的米」
定位／提供小康家庭以上客層使用。
　　　　由邱垂昌一個月輔導自耕農一次，收成時納入旗下品
　　　　牌代爲行銷，並在包裝上印製邱垂昌個人的高反差半
　　　　身像，增加消費者之信任感。

邱垂昌的近親→品牌「青秧米」
定位／供應大家庭、學校、團體使用。
　　　　由邱垂昌每 2 個月前往輔導原住民部落農田，收成時
　　　　納入邱垂昌旗下協助銷售。

邱垂昌的米

邱垂昌的青秧米

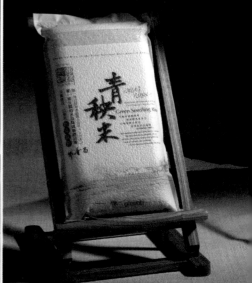

　　以上三大系列，總統米以高知名度奠基，再以明星之姿帶動旗下品牌。首先我打造一只市售 2 公斤裝米成為「玉璽」造型，以排他性展現差異化，再特製一款經緯鋪棉胚布提袋，其上刺繡著東台灣地圖、最後結合木提把的獨特禮袋。

　　這款在 2007 年創造 2 公斤裝 1,200 元的台灣最高價，如白玉般的立方體玉璽造型透明真空包裝，甫推出即引發市場連鎖效應，並馬上獲得高檔送禮客層訂購，在金字塔客層間熱絡交流著，之後迅速獲得一箱箱直接宅配的長期訂單，成功擺脫糧商才有條件進入一般通路鋪貨的行銷機制。

在此之後，因應大眾市場送禮需求，我協助開發了平價的粽型米禮盒「Give me five」，由五顆粽子造型米結合銅錢、中國結的「五行米」，及打造與 Taiwan 同音的「Tai One」一顆粽型米，都爲其贏得送禮大訂單，但也因此被贈品業者仿冒，官司打了一年才勝訴，主要是上市前已在智慧財產局專利註冊，才能受到法律保護及獲得求償。

「Give Me Five」幸福米禮盒—大家皆歡喜

「Give Me Five」幸福米禮盒，將東方人以米食爲主的「米」和「me」相呼應，並以象徵勝利及慶祝的擊掌動作，轉爲送禮的祝福意念，將「傳統粽子」的粽型立體透明包裝塑型，從每一面皆可看到健康飽滿的米粒。

由單顆組成五個一串的吉祥聚集之綁粽形式，象徵五穀豐收、五福臨門、五子登科、五路財神、五世姻緣等幸福意象。Give me five 分別打造一串 5 顆白米粽，及一串融合中國五行概念，分別結合紫米、小米、紅豆、綠豆、糙米等五種穀物，涵蓋生長、向上、變革、滋潤以及生生不息等意涵，可搭配各式節日及祝福送禮需求，堪稱台灣在地包容性最強的應景好禮。

Tai One 粽型米小禮盒—小兵立大功

以台灣在地優質好米「總統米」，結合第一概念的 Tai One 形象，打造令人豎起大拇指與 Taiwan 同音的「Tai One」一顆頂級好粽。粽型外觀加上繫著中國結的巧思，將寓意深遠的「包中」與「包粽」結合，爲考生及祈求晉升的朋友們獻上最具話題效應的祝福。

Give Me Five 五行米禮盒

針對年輕世代開創「模飯」品牌

此外，為因應現代年輕世代喜新厭舊的**趨勢**，針對前往池上遊覽的單車騎士，我們也特別採池上便當盒包裝概念，客製一款以「模飯」為品牌的 600 公克池上便當米，裝入「模飯生小書包」中，讓無法親臨池上享用知名池上便當的親友們，可以藉著池上便當米獲得另一種滿足。幾年來的小書包便當米不斷變換各種顏色外衣，以長銷式的歷久不衰商品，成為年輕人喜愛的送禮熱賣品，雖然他們大都外食者，端見創新帶動商機的無限銷售力。

模飯便當的熱賣密碼

位於台東縣池上鄉的邱垂昌，利用本身專業的稻米種植技術，培育出優良的稻作，並獲選為第一屆總統米競賽冠軍的殊榮。

而台東縣池上鄉，著名且廣為人知的商品莫過於早期的「池上飯包」，當時台灣各地所風行的池上飯包，利用竹片做為便當的包裝素材，打破以往用保麗龍、紙盒等材質進行食材的裝盛，開創飯包的新革命。

因此，「模飯」結合池上飯包的意涵，利用竹片將稻米包裝起來，形塑出池上便當的型態，也因為邱垂昌在當地除了種植自己的稻米之外，也教育、輔導同樣身為稻農的業者種植優良稻作，儼然成為稻米界的模範生。故將該商品牌以「模飯」為名，而這樣的創新包裝已超越自用或送禮、新世代或銀髮族等兩極化的範疇，成為大眾版長銷型明星商品。

邱垂昌或許本身是工業設計背景，他是我接觸客戶中申請最多品牌、且多年來在包裝上持續投資最多的業主，也是個人經營稻米生產事業中，完整親力親為以技術為本位的專業「米國總統」。2015 年他傾一生心血及財力終於打造一座自己的碾米廠，以精密碾米機研發台灣優質的「胚芽精米」，具有糙米的胚芽營養同時兼具白米的柔軟口感，再度掀起一場台灣米食的革命。

此時，他因米廠投資巨大已捉襟見肘，於是我一方面為胚芽米量身再創「和氣稻」品牌，並先註冊保護，同時和「創夢市集」接洽，計劃以募資平台來為其籌措胚芽精米生產和包裝的資金。

模飯生小書包系列

深度訪談邱垂昌幕後的「總統米」品牌故事

—— 遠離都市遊俠、當起田倉主人

邱垂昌，一個讀書人成為稻界翹楚—米國總統的傳奇。

出生於池上鄉的邱垂昌，身上散發著堅毅、執著的傳統客家硬頸精神，民國 86 年割捨摯愛的設計事業，回鄉照顧年邁雙親，同時回報這塊土地過去對他的養育之恩，多年來獨自耕作家中 3.2 公頃的農田，致力於自然生態平衡與地力之提升，進而孕育了 93 年第一屆全國稻米品質競賽總冠軍的果實。

「總統米」是邱垂昌的直系，「邱垂昌的米」是邱垂昌的旁系，「青秧米」是邱垂昌輔導原住民栽種團隊所生產的好米，三個品牌他都視如己出，用心呵護。

新台灣好米
美麗寶島好福地
優質永續有活力
人間淨土產好米
你我接力傳下去

我願克盡天職
竭盡所能承擔苦難
向上蒼乞求種食
溫飽人間
邱垂昌

邱垂昌以「種稻」為天職的精神座右銘

Part 2 啟動小農募資的地心引力
和氣稻－小農募資操作全紀錄

邱垂昌，他是我接觸客戶中申請最多品牌，且多年來在包裝上持續投資最多的業主，也是個人經營稻米生產事業中，完整親力親為以技術為本位的專業「米國總統」。

2015 年他傾一生心血及財力終於打造一座自己的碾米廠，以精密碾米機研發台灣優質的「胚芽精米」，具有糙米的胚芽營養同時兼具白米的柔軟口感。

然而，他因米廠投資巨大已捉襟見肘，於是我們團隊一方面為胚芽米量身再創「和氣稻」品牌，並先註冊保護，同時和「創夢市集」接洽，並計劃以募資平台來為其籌措胚芽精米生產和包裝的資金。

「和氣稻」與創夢市集募資平台的前期溝通

邱垂昌，臺北工專工業設計科家具設計組畢業。一位前途似錦、事業正起飛的好青年，因為體恤家中年邁雙親，毅然決然放棄所熱愛的設計事業，從五光十色、車水馬龍的台北不夜城，回到只有日月星光、蟲鳴鳥叫的家鄉──台東縣池上鄉。

從小念書時邱垂昌就幫忙父母親務農，但對於專業的種植流程還是需要花許多時間慢慢摸索、嘗試，或許因為從小就有實事求是的基因，這不僅反映在他的設計事業上，更從他以科學、理性角度分析、栽種品質優良的稻米上可以發現。經過多年的努力終於有所回報，邱垂昌開始連年在池上鄉稻米比賽成為常勝軍，民國 93 年參加第一屆「全國稻米品質競賽」榮獲總冠軍。

池上米王邱垂昌

邱垂昌的稻田位在池上鄉萬安村山坡上的梯田，共計 3.2 公頃。當年第一次參加全國比賽就得到冠軍，陳前總統至池上鄉品嚐時更大為稱讚，封邱垂昌為「米國總統」！他因此自創第一個品牌「總統米」。2007 年一組玉璽造型的總統米，更創下兩公斤裝一千兩百元的台灣紀錄，品質甚至超越日本進口米，自此奠定「米王」口碑。

學習設計出身的邱垂昌，即使離開了設計事業，仍不忘創作以及對設計的熱情，日出在稻田與大自然打拼，日落則在桌前嘗試設計自家米包裝，後來深知「設計」能帶給產品「加乘」的效果，邱垂昌於是找到輔導傳統產業的專家──頑石文創。在多次的合作下，雙方達到高度的合作默契，開發了數種米包裝，造型從「玉璽」到「粽子」，以差異化的包裝創意，使邱垂昌的米完全採 B to C 的直銷配送，打著自創品牌直接於自家店面販售及宅配給消費者，達成雙贏成果，這正是邱垂昌「用心栽種」與「相信設計」的最佳寫照。

　　邱垂昌在自己的種稻哲學中提到：「用科學的精神催落去、用邏輯的方法樵落去、用堅定的感情搏落去、用勇敢的氣魄撩落去。」對於邱垂昌來說，種稻不只是工作、苦力，更是人生的一門學問；而除了感謝養育、教導自己的父母外，更感謝孕育萬物的大地，因為堅持土地的休息生養與生態環境平衡，這種敬天謝土、吃果子拜樹頭的飲水思源態度，正是邱垂昌能與大地共存共榮，種出美好優質池上米的關鍵所在。

　　近年來，台灣食安問題層出不窮，從鎘米、黑心奶粉到香精麵包、地溝油等等，在在顯示台灣的劣質黑心商家，以及相關單位品管的鬆散。民以食為天，邱垂昌迫切希望能用自己的專業為社會盡一份心力，透過用心栽培的良心稻米，分享給廣大消費大眾，並且都能安心食用。

千日等待的黃金米革命

　　日本至今仍是世界平均壽命最長的國家，胚芽米飲食觀念在當地行之有年，早已融入日本人的生活，日本人肥胖者少，年長者多，胚芽米與養生樂活的密切關係已得到印證認同。

　　胚芽米即為去除稻殼與米糠層，經加工後仍保留有胚芽點。胚芽僅占一粒米重量的 3%，但營養成分則占整粒米的 50% 以上，因為碾出胚芽米需要特殊精密的昂貴設備，讓胚芽點保留下來，留胚率達到 85% 以上，更需引進電腦控制精密先進設備，放眼全台，此套設備目前為邱垂昌所獨有，同時顯示，好吃又健康的胚芽米，是台灣米極需再提升的目標。

　　有鑑於台灣食安動盪，包括黑心米、進口米混充等亂象，近年來終於制裁了有影響力的惡糧商，讓台灣優質米有了伸展的天空，這是台灣第一波稻米革命。

邱垂昌即使背負著龐大的碾米廠投資風險與資金壓力，仍然希望能將胚芽米的益處推廣給社會大眾，並期待能在台灣成為國民基本飲食觀念；由於此決心讓邱垂昌不惜投入龐大資金，更是希望能改善國人健康的體質，讓好的米與設計相輔相成，再度找到頑石一同攜手打造第二波稻米革命。

邱垂昌努力將長久以來高澱粉、高蛋白質的白米，經胚芽米專用機加工，製成高價值的胚芽米。因為投資碾米設備，碾米量需擴大方能平衡機器運轉，為了使胚芽米普遍化，形成量化規模，於是邱垂昌的胚芽米更必需面對進入通路的壓力及大市場競爭，品牌及包裝設計更形重要了，這也是「和氣稻」註冊以來，遲至 2015 年因應碾米廠完工、胚芽米品質穩定後，才正式啟動的原因。

以「和氣稻」為名的聚氣養生胚芽米

「和氣稻」品牌是以胚芽米為主打的概念米，胚芽米為去除稻殼、輾去米糠層，但保留胚芽點的米，營養價值僅次於糙米，但口感與白米相同，並具有抗氧化以及防癌的維生素 B、E，有效增加體內好菌，讓毒素順利排除，促進人體代謝循環、增強免疫力，口感則優於糙米，是兼具天然、營養、健康的正港質感「黃金米」。

胚芽米的加工工序與細心度需要更多的專業與時間，為了讓消費者有更多選擇、吃到更營養的池上胚芽米，並同時維持高品質的保證，邱垂昌不惜投資二千多萬建設碾米廠，從栽培、原物料儲存到碾米加工，全不假他人之手，親身親力完成，這是傳統客家人堅毅、執著的硬頸精神。也是他視稻米為良心志業的悲憫大愛。

「和氣稻」品牌商標已註冊獲准，堅持自己的碾米廠才能控制品質穩定的胚芽米，在碾米廠落成，加上碾出留住胚芽的技術，再配合最切合的包裝設計，兼顧品質與創意的「和氣稻」才謹慎問世。

邱垂昌－田倉米糧行獲獎、經歷：

1. 民國九十三年第一屆「全國稻米品質競賽」總冠軍。
2. 參加民間舉辦台日稻米產銷交流之研討會。
3. 輔導「崑濱伯」黃崑濱獲得第四屆「全國稻米品質競賽」冠軍。
4. 陳協和碾米廠水稻專業區栽培輔導員。

Strength 優勢點

品質口碑與獨門技術

- 「邱垂昌的米」具有優質口碑與高評價
- 擁有超越市場的獨家胚芽米碾米技術
- 原長期宅配客戶轉購之基本消費量

Weakness 劣勢點

人力不足資金風險

- 投資碾米廠對後續行銷造成之資金運轉壓力
- 擴大營運項目，勞動人力不足
- 個人營運，無財團支助

Opportunity 機會點

食安危機成轉機

- 切入市場空白，供應台灣自製胚芽米
- 健康觀念時代所趨，胚芽米時機成熟
- 以個人知名度帶動食用胚芽米新觀念

Threat 威脅點

首進通路價格考驗

- 改變過去宅配自銷模式，首次進入通路肉搏戰
- 生產成本較高影響商品終端售價
- 健康養生觀念剛起步，高價位胚芽米接受度有待考驗

　　田倉米糧行，為台東縣池上鄉知名商家，負責人邱垂昌並獲得首屆「全國稻米品質競賽總冠軍」的肯定，目前商品結合設計創意，均不需進入通路即可直接銷售。邱垂昌有感於食安風暴不斷席捲台灣，又肩負著「現代神農」的責任，希望能透過一己之力來幫助台灣消費者，特開發胚芽米系列品牌「和氣稻」進入通路，並建立兩大消費族群，希望透過送禮自用兩相宜的胚芽米能讓普羅大眾吃到最道地、最健康的台東池上胚芽米。

　　以下為和氣稻胚芽精米於 2015 年 5 月於創夢群募平台上發起「黃金列車開往你家計畫」內文，我們經由訪談後整合出進入募資平台的策略內容，全案以邱垂昌的第一人稱撰寫，由一班開往池上的火車拉開序幕，並分別以 7 個站名連串全案精髓，群眾可從其中一窺邱垂昌的心路歷程與和氣稻的募資操作全記錄。

　　本案操作運用宣傳工具有 05:30 分鐘微影片拍攝、實體 DM 印製、舉辦一場記者會、10 家平面及網路媒體報導、網路 E-DM 行銷等。

「創夢市集」群眾募資平台的計劃方案

黃金列車開往你家計畫

（以邱垂昌第一人稱撰寫）

脈脈相傳的台灣牛精神

我從小就看著父親每天風吹日曬彎著腰照顧一方田，來養活我們一家人。孩提時我常陪父親到田裡，父親一邊流著汗工作時，還總不忘告誡我們孩子要認眞讀書，將來才不會像他這麼辛苦！在不得不早熟的年紀，我從公東高工奮力進入臺北工專工業設計科就讀，畢業後在競爭的台北創業；後來父親勞碌成疾，我毅然放棄台北事業，回到池上照顧雙親。拾起父親農具接手家中田地的耕作任務，是那頭從小爲我們辛苦的「老牛」給了我力量！

在我的童年中,至今永遠銘記那頭水牛,辛苦勞碌,犁、耙、碌杵、樣樣皆靠牠,養活我們一家人,供我上學,想到牠的任勞任怨及看人的眼神,真是百般不捨,直至我北上求學,父親把牛賣了,做為第一學期的註冊費,我問父親:牛賣到哪?父親說:牛販轉賣到深山處幫人拖原料(甘蔗),吃不飽,老了沒力氣還被人用牛車棍打,到最後無力耕作就被宰殺,這是那個年代牛隻晚年的命運。我永遠不會忘記那頭水牛,鞠躬盡瘁改變了我的一生。我只能用水牛般的精神,種植好米分享大眾,也為牠祈願積德,希望來世投胎在好命人家裡。

我是邱垂昌,多年來一直堅守務農崗位外,為了全心栽植最好的稻米與眾人分享,提出了小農直銷、地產地銷的做法以平衡成本。因為長期與大自然為伍,才能夠以最真誠的心回報大地、並且捍衛自己所種出的作物。每當我覺得心灰意冷的時候,看見稻米一日日成長的強悍生命力,讓我又重新燃起了鬥志。

雖然老牛已經被這部自動化的耕耘機所取代,但它帶給我這種「台灣牛」精神的感召,永遠長存我心

你總是搭錯車嗎?還是搭錯車還渾然不知,或過了好幾站才發現搭錯方向?其實我們每天吃飯,很可能像搭錯車一樣,也許就在絲毫不知情下,吃了各種表裡不一的劣質米,而造成健康不知不覺開倒車。現在特別邀請大家搭上這班由我駕駛的黃金列車,前進池上美麗的伯朗大道。

我是列車長－邱垂昌

說起我回鄉種田的契機，只是為了照顧一生辛苦務農的年邁雙親，因此從車水馬龍的台北回到只有蟲鳴鳥叫的台東池上老家，從每天面對產品創意的工業設計師，變成低頭面對秧苗的自耕農。我從小就騎在牛背上隨父親下田，除了向人學習、向自然學習外，以科學方法研究栽植、勤作紀錄，與稻為伍 4 年後，我以農業素人的身分首次參加民國 93 年第一屆「全國稻米品質競賽」，榮獲總冠軍殊榮，對我來說是只要肯彎腰就能獲得相對回報的印證。種稻不只是工作、苦力，更是人生的修行，在生命的進行式中，過去、現在、未來皆不曾改變，我認真扮演著如萬物生命中一隻努力工作的蚯蚓，20 年來彎著腰風吹日曬終熬成鐵漢。

位於池上萬安山坡上的山地（就在遠近馳名的伯朗大道不遠處），在這裡我年年見證天地育化糧食的自然過程

池上有個長壽站！

台灣人的飲食習慣，吃慣了精緻的白米，對於營養的糙米接受度較低。原因是糙米為保留胚芽點的營養，碾米需將米糠層護住，而台灣胚芽米的碾米技術尚未成熟，其口感較接近於糙米，食用時口感粗糙較難下嚥且消化不良。早年我曾訪問日本與當地農戶交流種稻心得，就發現「胚芽精米」，已經在日本行之有年。

　　2011 年世界衛生組織公布，日本至今仍是世界平均壽命最長的國家，胚芽米飲食觀念在當地極爲普遍，早已融入日本人的生活，日本人肥胖者少，長壽者多，胚芽精米與養生樂活的密切關係早已得到印證，因此引導我在台灣大力推廣胚芽精米的心願。

「胚芽精米」站到了！

　　我們收成之後的稻穀經脫殼後，就是糙米，煮熟之後呈現米黃色澤，雖保留了完整的營養，但口感卻生硬而難以接受；而我們平常吃的白米，只剩下胚乳部分，造成一粒粒晶瑩剔透的米粒，喪失了最重要的營養成分。

　　那麼什麼是「胚芽精米」呢？胚芽精米是以糙米經胚芽精米機碾製後去除米糠層，仍保留有胚芽點存在（胚芽留胚率 80% 以上且白度在 30 度以上）。胚芽僅占一粒米重量的 3%，但營養成分則占整粒米的 50% 以上，保留糙米絕大部分的營養，口感卻像白米一樣好。

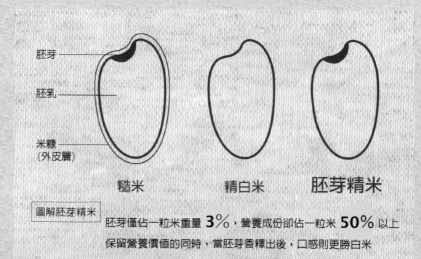

胚芽

胚乳

米糠
（外皮層）

糙米　　　精白米　　　胚芽精米

圖解胚芽精米　胚芽僅佔一粒米重量 **3**%，營養成份卻佔一粒米 **50**% 以上
保留營養價值的同時，當胚芽香釋出後，口感則更勝白米

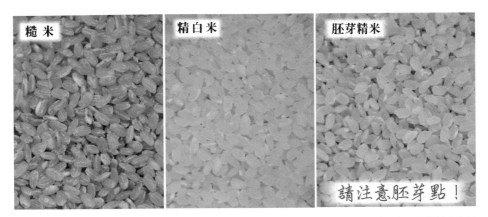

糙米、精白米、胚芽精米比較

胚芽精米好處多多，它所含的維生素 B1 是一般精緻白米的 2.5 倍，維生素 B1 是使人工作及運動充滿活力的必要元素，除此之外也富含維生素 B6、E、亞油酸等等，這些成份可以預防老人病及老化。

除此之外，胚芽中所含的膳食纖維能排泄體內的有毒物質，輔助其他營養素的吸收，縮短糞便通過腸內的時間（解除便祕），有「腸子的清道夫」之稱；胚芽精米因為保留胚芽，諸多營養素比精白米大幅增加，但又不像糙米一樣容易引起消化不良、不好吸收等現象，因此能夠更適當均衡地攝取吸收微量元素，經過實驗證實，胚芽精米的消化及吸收率與白米幾乎相同。（胚芽精米資料來源，出自青春出版社《胚芽米健康法》一書）胚芽精米只需輕輕淘洗，可省水環保，而胚芽米飯咀嚼後，胚芽香釋出的口感別有一番風味，在台灣吃米量漸少的今天，怎麼能不選擇最健康優質的米飯來善待自己及家人呢？

健康站快到了，但⋯⋯

　　為了和大家分享更健康、更好吃的池上胚芽精米，我引進日本精密碾米機具，改良研發台灣首創的設備，可以完整保留胚芽精華80%以上。這套碾米設備我投入 3 年時間，為了維持高品質的保證，已斥資 2000 多萬（目前仍然負債 800 多萬），我從田間栽培、原物料儲存到碾米加工，全不假他人之手，由我一條龍親力親為完成。

　　這次募資的原因在於，胚芽精米設備的碾米啟動標準量需大，才能平衡機器的運轉成本，對我來說，目前仍在逐步推廣胚芽精米的階段，需求量少、碾米量也少，運作形成很大的負擔，然而又不希望這樣好的東西成本過高，因此需要借重您的支持，使胚芽精米的碾米量能夠擴大，方能將胚芽精米的益處發揚光大，進而改變國人基本飲食觀念；要是有了你們的支持，我的腰再彎也值得了！懇請大家一起為我集氣！

由我一手打造，位於池上田間的碾米廠，是集大半輩子的心血結晶；儘管背負著龐大的碾米廠投資風險與資金壓力，仍然希望能將胚芽精米的益處儘快推廣給大眾，需從根本開始來改善國人健康的體質。

採收後的稻穀存放在保鮮槽中（上左），處理稻穀的第一步先經過巨大的引導系統，碾製而成為糙米（上中、上右），再經過精密的胚芽精米機（左下），以多道工序處理之後，符合嚴謹規格的胚芽精米才正式誕生。

黃金列車，即將進站

　　為胚芽米發想的專屬品牌－「和氣稻」，是由多年來一路挺我的頑石文創協助打造，雖然於 2010 年品牌就註冊獲准，然而堅持成立自己的碾米廠才能控制品質穩定的胚芽精米，接著再從日本引進胚芽精米機，兩者相輔相成後，終於在 2015 年 7 月，兼顧品質與創意的「和氣稻」即將健康上市分享大眾。

滿載稻香的黃金列車，到家了～

你有多久沒有回家吃飯了？黃金列車一路經過胚芽米站、健康站，終於能夠一粒粒飽滿的現身餐桌。我栽植稻米最殷切的期盼，就是希望台灣人多多吃營養好米，品嘗屬於我們這塊土地與陽光的滋味，偶爾暫時放下忙碌的工作，煮一餐飯分享家人，是多麼簡單又美好的事。吃飯不一定要吃飽，吃得健康方為善循環，這也是送給我們「逗陣」在一起者最幸福的禮物。

產地直銷－胚芽精米預購到家

我們將今年即將收成的稻米，以「產地直送家庭」的直達車，採預先訂購的契作方式，邀請對健康重視的您，一同加入邱垂昌的池上良田「穀」東。

除了等待秧苗苗壯到結穗纍纍，收成後的金黃稻穗，還需要使用專業的碾米設備來碾製。配送期預計為 7 月底開始分批寄送，以確保消費者都能吃到最新鮮的池上胚芽精米，適逢新米收割之賞味期，請大家踴躍認購。

本次募資的 50 萬元，主要是用來償還每半年繳納一次的胚芽精米碾米設備貸款，米農等待近六個月稻米收成及時雨，種稻與大自然奮戰之後，這是另一段進入市場挑戰的開始，願能借重您的力量一起達成目標。

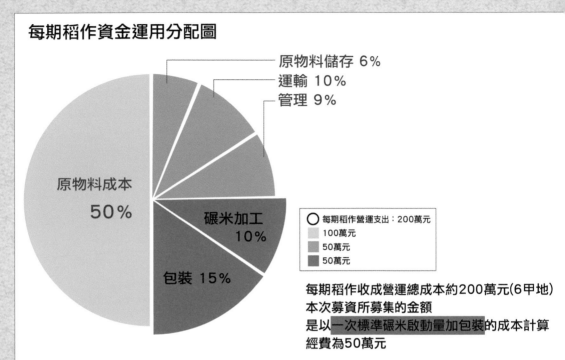

以下是我規劃回饋的 6 個方案，胚芽精米根據每個預購方案不同，有不同的優惠價格且全含運費（未來和氣稻胚芽精米正式上架售價為 320 元），其中「伯朗大稻」方案，我還將親自帶大家遊賞池上，池上這塊土地的美，要等您親自踏上後才能夠真正深刻體會，希望能與你分享這一份感動。

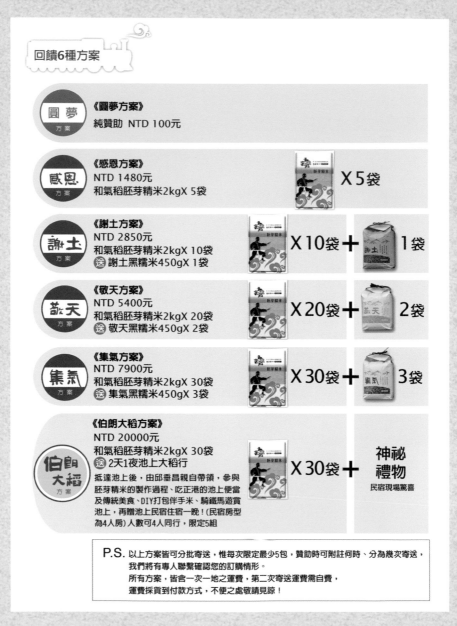

回饋6種方案

《圓夢方案》
純贊助 NTD 100元

《感恩方案》
NTD 1480元
和氣稻胚芽精米2kgX 5袋　X 5袋

《謝土方案》
NTD 2850元
和氣稻胚芽精米2kgX 10袋
送 謝土黑糯米450gX 1袋　X 10袋 ＋ 1袋

《敬天方案》
NTD 5400元
和氣稻胚芽精米2kgX 20袋
送 敬天黑糯米450gX 2袋　X 20袋 ＋ 2袋

《集氣方案》
NTD 7900元
和氣稻胚芽精米2kgX 30袋
送 集氣黑糯米450gX 3袋　X 30袋 ＋ 3袋

《伯朗大稻方案》
NTD 20000元
和氣稻胚芽精米2kgX 30袋
送 2天1夜池上大稻行
抵達池上後，由邱垂昌親自帶領，參與
胚芽精米的製作過程、吃正港的池上便當
及傳統美食、DIY打包伴手米、騎鐵馬遊賞
池上，再贈池上民宿住宿一晚！(民宿房型
為4人房) 人數可4人同行，限定5組　X 30袋 ＋ 神祕禮物 民宿現場驚喜

P.S. 以上方案皆可分批寄送，惟每次限定最少5包，贊助時可附註何時、分為幾次寄送，
我們將有專人聯繫確認您的訂購情形。
所有方案，皆含一次一地之運費，第二次寄送運費需自費，
運費採貨到付款方式，不便之處敬請見諒！

　　經過本次募資成功後，我們計畫已久的專屬宅配網，即可於年底正式上線。想吃得健康的朋友們在家點擊滑鼠下單後，由我邱垂昌親自為您服務，把優質好米直送你家。而我在胚芽精米推廣上，付出六年努力的成果也如願獲得迴響，這是我永續經營事業的良心保證，絕非曇花一現的投機行銷，再次希望各位能夠為我集氣，完成我的健康使命，你的健康生命。

和氣稻列車時刻表

○ **2010年註冊胚芽米品牌 和氣稻**

為搭配碾米技術，貸款投資胚芽精米碾米機及碾米廠，
以 2000多萬 投資做國人健康大事

○ **2013年全臺第一部胚芽精米碾米設備完成**
可在碾米過程中留胚率達85%以上，此套設備目前全臺唯一

○ 醞釀期歷時5年
2015胚芽精米正式上路

○ **5月22日 於創夢群募上架，募資開始！**

○ **5月27日 舉辦胚芽精米發表會**

○ **1個月內若達成60%目標，
加碼神祕驚喜**

○ **7月20日 募資結束**

○ **募資成功後，7月31日起陸續配送**
88節以前就可以收到囉～

○ **募資成功後，將建立邱垂昌品牌的產地直送網**
於11月上線，只要在家滑鼠點一點，好米就可直送到府

　　從 5 月 22 日創夢募資平台上線，目標金額為 50 萬，到 7 月 20 日截止，最後在創夢市集協助下以 515,310 元達標，和氣稻獲得群眾集資第一桶金成功。證明小農努力下也可擁有大眾支持，達成產地直送消費者的一站式行銷，讓小農辛苦有應得的回饋，讓消費者獲得健康直送的保障，回歸兩全其美的傳統產銷兩端供應鏈捷徑。

為小農，找一條活路

　　關於農特產品的行銷機制，在舊時代大部分集中在農會超市等各地區農會銷售，抽成制訂的條件對廠商很優渥，行銷對象則以在地民眾為主。改變的轉捩點從柑仔店變身為連鎖商店開始，國外的通路以據點拓展的優勢及機制，制定了嚴苛的抽成規則，這種規模型的商業模式，適合自動化生產型的產品遊戲規則，誠如稻米雜糧、蔬果生鮮等小型農業生產單位，在量體大的抽成機制下必然成為犧牲品，導致小農辛苦耕耘後，進入現代型通路後的更微利癥結點。

　　我們目前在各通路銷售的稻米，許多是由不事生產、專事採購的大型糧商打造了品牌，他們以大量採購方式形成供應鏈，也必然有條件進入連鎖通路，但背後苦的還是生產方的小農們。

　　鑑於以上產銷的問題，由產到銷一站式的行銷，可讓辛苦後的小農收益合理化，才有人願意接續，年輕一代才有意願投入農事，我們的產銷困境才得以扭轉乾坤。

和氣稻胚芽精米 3KG、2KG

Part 3 啟動窮鄉林的地心引力
五月雪翻轉客家產業命運

行政院客委會自 2002 年首度舉辦客家桐花季,自 2006 年開始客委會由遴選客家具潛力商品的業者,媒合專業設計顧問團隊,開發桐花意象圖騰,整合客家產地的產品、品牌、包裝及量產機制,加上都會通路行銷及宣傳,兩年共輔導約 400 件桐花意象商品,成功地將原本隱在山林間默默無名的傳統產品,提升到國際機場免稅店通路層級,漸漸打響客家桐花商品的國內外知名度。

2007 年再增加 17 家國內異業結盟廠商,開發兼具桐花與時代美學的 137 件時尚桐花商品,形成傳統客家產業與現代客家意象文創,共構優勢互補的共榮舞台。

打造客家共同品牌意象

客家，一個勤奮血緣的代名詞。

客家產業，一個政府輔導下最爭氣的產業標竿。

2006～2007年間，因緣際會的擔任客家桐花季品牌形象、產品改良及包裝設計案輔導統籌，讓我有機會回到小時候住過的屏東竹田及內埔客家莊，我努力尋找當時的記憶，好為他們打造富有在地特色的商品故事魅力。

分布於台灣北、中、南、東的客家產業，有70%以上皆為加工食品業，僅有約30%以下為工藝、生活用品等文創相關產業，後者大都集中於台中以北。客委會制定的產業輔導機制，是我評估過其嚴謹度、公平性、成效上等務實化最佳的政策，再加上客家人聰穎、刻苦的特質，積極的在共同理念相輔相成下，客家產業儼然形成台灣最具活力的文創代表群像。

客家人雖然硬頸、節儉，但舉凡有建設性的創意，他們總是在慢慢領悟後迅速運轉開來，在創新才有機會接受輔導的機制下，他們年年持續不斷的研發，以爭取新的輔導機會，勤儉又硬頸的DNA特質，觸動著一顆顆求新求變的靈魂，讓我在一場場客家商品展售會中，情不自禁的掏出腰包，也時而驚喜的收到他們寄來的研發新品，含蓄的希望聽到多年來我們對他們產品的感覺，單就這股動力，造就客家產業不斷超越提升、年年都能創造出豐碩的果實。

客委會在客家特色商品形象建立後，自2008～2010年間，開始投入媒體宣傳行銷，搭配一場場展售活動，將客家商品以行銷列車方式，開往台灣各大城市。2011～2012年間，藉由實體商店、虛擬通路、海外商機等多元通路，培植客家特色商品與文創的再生力。2012年，開始與統一集團旗下的統一超商，運用其通路經營資源，設立複合櫃位的合作模式，嘗試在若干7-11超商中，可以方便購買分布台灣各地的客家商品，有效協助業者落實大眾通路的大躍進政策。

商業市場的產品，理所當然隨時代推進而轉化，為因應行銷體系通路多元的拓展，客家產業亦必需在提升產值的需求中，以量化為前提下提升產能、並擴大或改良生產線，因此客家業者分別依各自投資的決心，拓展與時俱進的市場版圖。此外，急需克服的食品加工相關問題，如 SOP 流程建立及食品認證，生活用品類則需克服的是如何量化及維持品質穩定度，工藝品類的則是工序系統化、複合材質的整合嘗試，方能在品質與量化的提升下，導入「產業化」的商業模式中。當產品從台灣走向世界的平台上，亦需投資基本的兩岸地區註冊、產品申請專利或新式樣等的保護，為商業市場上可能的侵權建立保護防護機制。

客家產業，在政府用心輔導及優質客家人的積極耕耘下，已為台灣地方產業帶來一股新文創勢力。

客家，一個克勤克儉的隱性族群，因為在生活困苦的環境中成長，而激發出人頭地的強烈企圖心，台灣客家以重視教育來改善其社經地位，人才輩出的在社會占有一席之地是他們最好的寫照。

談到客家產業，大多由其居住環境區域應運而生，如早期從大陸遷徙來台的客家人大都居於山區及較貧瘠之地，只能種植果樹、茶樹等長年經濟作物，一年中僅能收成一次的蔬菜無法輪種，因此為克服蔬菜供需落差，研發了醃製食品的保存方法，如福菜、梅乾菜，其他如樟腦、香茅、苦茶油、膨風茶、擂茶、鴨耕米、米製品、糕餅、製陶業、漆器、木器等，皆為客家代表性產業。

行政院客委會自 2002 年首度舉辦客家桐花季，著眼於客家人與油桐花樹有著相依的情感；早期客家人以撿油桐子維生，油桐木是火柴、木屐及傢俱的材料，美濃紙傘則取油桐子所榨之油為塗料，油桐樹在北台灣沿台三線分布，正如客家庄的守護神，因此桐花季是選在四、五月間桐花盛開季節舉辦，屆時滿樹綻放及滿地飄落的白桐花像下雪情境般，既浪漫又富詩意，夏天走在鋪滿桐花飄落的

地上，仿若冬季之雪景，因此桐花又稱「五月雪」，外地客選在此時朝聖，正是帶動觀光產業的一股暖流。

自 2006 年開始，客委會由遴選客家具潛力商品的業者，媒合專業設計顧問團隊，開發桐花意象圖騰，整合客家產地的產品、品牌、包裝及量產機制，加上都會通路行銷及宣傳，兩年共輔導約 400 件桐花意象商品，成功地將原本隱在山林間默默無名的傳統產品，提升到國際機場免稅店通路層級，漸漸打響客家桐花商品的國內外知名度。2007 年再增加 17 家國內異業結盟廠商，開發兼具桐花與時代美學的 137 件時尚桐花商品，形成傳統客家產業與現代客家意象文創，共構優勢互補的共榮舞台。

客家形象操作的兩大重點 /
打造「客家」共同品牌意象

分別有共同識別標章設計規範、標章授權機制擬定、桐花意象運用於產品或包裝上之規範，並設計共同包裝紙、手提袋，供參與業主使用共同形象的識別語彙。

桐花圖樣開發，生產桐花彩烙紙及桐花布

　　2005 年，我們承攬客委會委託以桐花為概念，設計三款代表客家文化的桐花布，印製廠商每款的開版基本量是 1000 碼，當時廠商擔心庫存壓力而裹足不前；在量產上市後，因具市場差異化特色，及全省連動的客家產業發酵，短短一年內已再版三次，該廠商亦迅速自行開發桐花布製成之手提包、桌旗、餐墊、服飾等各式生活布品，因為輕巧且兼具台灣特色，成為最受老外喜愛的觀光紀念品。近年由於桐花形塑之商品奠定好口碑，亦受外交部、文化部及各縣市文化局青睞採購，作為贈送外國人士有故事互動的台灣特色伴手禮。

　　三種花色的桐花布開發，分別印製細棉及厚棉布兩種，有效引導客家業者設計成各種生活應用品項，成品從普及平價小物到服飾包款等琳瑯滿目的遍地開花，只要運用各式設計就可輕易快速上市，省的是開發成本，賺的是差異化特色，成為桐花季中閃耀的亮點。

　　自此以後，許多設計師亦採用桐花布作為各式產品的外包裝，如運用鋪棉、裱褙等加工方式，做成精裝筆記本、古典提包、陶瓷器外衣、精裝盒等，更擴大桐花意象的能見度，如今桐花不只是客家意象的代表，亦已成為台灣文創軟實力的經典象徵。

以客家桐花為主題開發專屬桐花布，一系列有紅、藍、綠三色。

桐花彩烙紙的開發

　　關於生於斯、長於斯的我們，只想立刻為在地產業變身，而把投資報酬率放在最後，說服紙廠瘋狂地抄了一噸桐花彩烙紙為包裝加分，當然我們也承諾會大量使用於包裝上，當牛皮紙烙上了桐花後，蛻變成如皮雕般的質感，與商品共舞在最美麗的五月雪中。

彩烙紙應用於提袋與包裝上　　　　　　　　　　以鋼模烙上桐花圖騰的彩烙紙

客家桐花季的成功行銷鏈

　　由客委會啟動規劃的「客家桐花季」，從 2006 年邁入第五年的完善機制後，終於開花結果。當時由「清寰」團隊委託筆者為形象包裝總籌，我特別網羅專業設計經驗十年以上、二十年以上的兩世代菁英們，他們必需是可以親自下鄉的親力輔導者，配合個人專長屬性，分別為客家地區的食品、各式工藝品等特色產業進行品牌建立、產品創新及包裝改良設計等工作。由客委會結合設計師及各地文化局長等在地相關產業職掌者，共同以專業的評比，篩選出三種條件的業者，分別為全面輔導型、設計輔導型、模範推薦型等三種類型。

　　「全面輔導型」是產品、包裝需要改頭換面外，一千個的包裝生產製作費由客委會支付；「設計輔導型」則是該產業資金無虞，經過設計輔導改良後的包裝由廠商自行承製產出，「模範推薦型」是類似典範的標準，其產品及包裝整體形象已具市場競爭力，可以直接加入各種通路行銷機制。

　　每年四月一日，是桐花商品銷售鳴槍起跑的首波，往年這些商品只在產地的自家店面銷售，2006 及 2007 兩年客委會開始協助傳產進入都會舞台，特別規劃在北、中、南三地的新光三越百貨公司短期展售，以及包下台北手工藝中心（目前更名為「國家禮品館」）兩個月檔期，以主題式擴大宣傳，國家禮品迄今在一樓仍維持 30%營運空間，長期展售客家特色商品，並成功吸引中正機場昇恆昌通路，網羅這些具台灣形象特色的商品，形塑客家禮品專賣店空間。

　　自此以「哈客」為名的專屬客家品牌通路，藉由以上兩大觀光通路的客家精品專賣店平台，引進原本分散在台灣各鄉間的在地特色商品，消費者可以直接在都會及機場免稅店中採購，這對傳統產業能見度及商品競爭力的提升助益極大。之後客家文創品也建立購物網站，此為台灣推動文化產業建立最有效益的成功行銷模式。

「客家桐花季」輔導執行內容

區域 第一年／台灣北部、中部客家產業（期程一年）

第二年／台灣北、中、南、東（期程一年）

任務 1. 評選潛力客家產業商品、了解包裝現況、營業額等，由地方協會進行推廣後，採取報名篩選行政作業、第一階段以表格方式進行書面初審，第二階段由熟悉當地之地方長官結合設計師共同評選。

經評估確定之客家業者家數及品項後，由團隊擬定訪視期程，分配設計師輔導之訪視區域及適合其專業之產業類別。

2. 整體形象建立

建立客家優良產品 LOGO、包裝主張、手提袋、客家花布、桐花彩烙紙開發、產品攝影、行銷宣傳、產品簡介、展售開幕邀請卡、贈品……。

3. 產品及包裝設計輔導

全面輔導型－為 150 件之商品設計新形象及包裝外，每件品項由客委會免費為其製作一千個包裝成品供業者使用；一千個產品售罄後，未來之包裝印製由廠商自行付擔。

設計輔導型－ 50 件由設計師分別建立新品牌形象、品牌故事、產品改良及包裝設計後，包裝盒由設計師協助廠商控制成本並進行發包製作，最後為其製訂終端售價。

模範推薦類－原有之產品及形象皆水準之上，由客委會直接推薦，加入通路行銷機制，包括百貨公司展售、特有通路長期櫃位、網路商城等多元通路。

4. 展售通路對接

洽談展售時段租金抽成方式、展場布置、人力派遣、銷售現場及平面、網路宣傳

北部－台北手工藝中心，展售為期兩個月

台北－新光三越 A9 館，展售四天

台中－新光三越，展售四天

高雄－新光三越，展售四天

機場二航站客家品牌專屬通路

5. 異業結盟廠商徵選，是引進具產品開發成熟經驗之業者，請其依據桐花意象，自行開發各式文創商品，所以成本由參與之業者自行承擔。目的一方面增加桐花商品陣容的多樣化，同時刺激客家業者之產品思維，並讓兩造有機會互動、對接，成為未來合作夥伴關係。

6. 教育訓練－兩天一夜課程，傳授銷售之行銷話術

> 客家產業輔導對象廣義的條件如下：
> 1. 經營者本身為客家人
> 2. 經營場域位於客家地區
> 3. 公司或工廠員工有三分之一的客家血統

客家文化的文創商品實踐案例

「三義丫箱寶」——變身藝術精品

台灣森林寶盒—三義丫箱寶〈台灣黑熊系列〉

此為文建會訂購贈送外賓紀念品。

以閱讀台灣森林的概念，規劃獨特的書盒包裝，在打開森林寶盒的同時，彷彿引領他們一同關懷台灣保育類動物。由於台灣黑熊是由樟樹雕刻成的作品，因此特別運用樟樹生態插畫構成圖騰，表現在書盒的西洋仿古籍裝飾上。此外，特別將台灣黑熊的身世說明撰寫在書盒內，消費者在開啟森林寶盒看到黑熊的同時，將可閱讀到關於台灣黑熊的故事。

手提袋設計，以台灣特有的樟木生態插畫營造自然中的清新詩意。

隱居山林的森林之王 台灣黑熊

熊科，特有亞種，棲息地以海拔 1000-3500 公尺之森林地帶為主。設計師何華仁先生以台灣樟木作為原型素材，並保留完整木皮，自然莞爾的樸拙造型，呈現維妙維肖，獨一無二的台灣黑熊造型，每一件作品都是手工打造，趣味盎然。

三義ㄚ箱寶的品牌故事／

飛越五萬里—從「三義ㄚ箱寶」啓程

1963 年一張來自國外的訂單，

改變了雙峰工廠的命運，

從此，與木鴨結下不解之緣……

九〇年代因國際保育風潮興起，

木鴨工廠沉寂了一段光景。

2002 年雙峰重新以「三義ㄚ箱寶」開張，

一隻隻以手工雕琢彩繪的精緻木鴨，頓時變身藝術精品，

成了收藏家與保育人士的最愛。

2006 年「野鳥標本箱」以純手工打造的限量品，

將台灣珍禽站在桐花枝頭凝視五月飄雪的概念，

幻化爲典藏小品，爲桐花祭獻上繽紛的鳥語花香。

2006 年「台灣珍禽書籤」的手繪限量精品，

結合桐花尾翼飛向世界各地，

鳴唱一首首戀戀桐花的山林傳說。

野鳥書籤及野鳥標本箱，都是三義ㄚ箱寶原有產品，我們第一階段分別爲其設計桐花圖騰在尾翼上及小木箱上，第二階段撰寫品牌故事，第三階段打造輕巧質樸的專屬包裝，一方面形塑客家產業的樸實風格，一方面降低包裝成本以提高微利。

野鳥書籤、野鳥標本箱

2006 客家桐花季紀念商品。

在三義 5 種特色木刻鳥的尾翼上裝點桐花，及在鳥兒站著的木箱畫上桐花，呈現立於桐花枝幹的趣味，最後再打造質樸的包裝，呼應開啓後的驚喜感。

彩蝶祈福－刻畫商品動人的說明

人與神之間的溝通媒介，巧遇在圓融的三度空間中，幻化成翩翩彩
蝶，自由舞動於人間凡塵，一一點化人們希望與幸福。

掌中台灣的獨特造型可以從彩蝶變成各式生態，順著筊杯上刻畫的
道道軌跡，是名片架也可作為留言座，仿若千變萬化的蝶兒，處處
帶來驚喜與福氣。

此款筊杯結合蝴蝶的意象，是設計上的創意轉換，手工彩繪是工藝
價值的展現，放在桌上是美麗裝飾，也可以在凹線處架上名片，如
果內心徬徨不安時，可擲筊看看神明如何指示，心誠則靈。

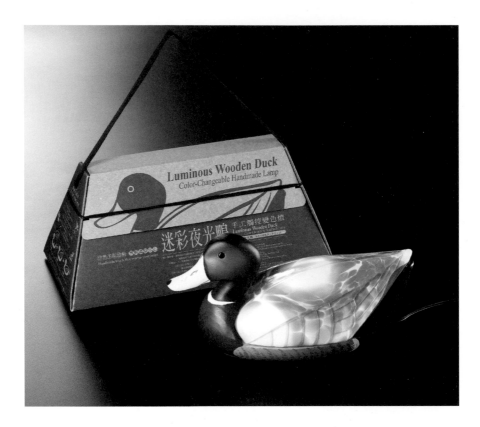

為迷彩燈鴨—綻放溫暖

點一盞明燈，讓幸福的感覺距離自己更近一點～
輕輕的按下迷彩夜光鴨尾巴處的小按鈕，每觸碰一下，
就會發現夜光鴨散發不同的迷彩風情，三段式的彩光變化，
讓你感受到象徵客家藍衫的藍，台灣大紅花布的紅，
及有五月雪之稱的桐花白，不同的光影變化，
將激發無限的想像力，天馬行空地隨時開啟夢境之門，
在漫漫的黑夜裡，沉浸在夜光鴨的溫暖懷抱中，
享受著幸福之光的洗禮。

台灣漆器從式微到復甦的桐花力量

　　拜訪苗栗公館山中的「台灣漆器」時，負責人是第二代的長子，他因病坐在床上，插著呼吸器及發聲輔助器，虛弱但意志堅定的仍對式微的漆器產業有所寄望。他同意我從已開發的現成品中，選擇加入桐花元素的意象來換裝。於是我像尋寶般在荒廢已久的倉庫中，找了適合市場行銷的六個品項，分別加入桐花意象後，並以木紋彩烙紙體現漆器內在木胎的質感，於是這個三十多年前即註冊的「台灣漆器」品牌，以台灣爲名，在客家傳統產業中，披著金色的桐花重新擦亮品牌了！

千年漆器五月雪—「台灣漆器」的品牌故事

漆器的做工繁複，
在物以稀爲貴的台灣早期，
是大戶人家專用的器物，
謝氏父子秉持客家精神，
將追求完美的心意塗佈在漆器上。
選在 2006 年桐花盛開之際，
將醞釀 30 年的能量，
化成桐花朵朵的漆器，
讓我們重回屬於三〇年代的生活奢華。
雙手捧著謝師傅親身投入的桐花獻禮，
傳導來自十二道研磨工序的暖流美器。

桐花系列意象展姿於漆器上
如膠似漆桐花對罐
陀螺漆筷架組

桐花戀人碗筷架組

一抹紅纓漆筷架組
環環相扣漆筷架組
生生不息桐花漆對匙
層層疊漆球棒筷架組

從客家桐花布開發到布製品的設計

台灣四○年代俗豔的棉被布花，在二十一世紀重新大紅大紫，布廠因而紛紛複刻各式早期花布銷售；桐花季是客委會近年來打造的地方文化活動，為建立桐花商品特色，特別委由我們規劃桐花布開發案，並請廠商加入異業結盟機制，將花布設計及印製投資結合花布品開發，短期間開創出多采多姿的靠墊、餐墊、桌巾、圍巾、玩偶、提袋、錦囊袋、酒瓶衣、面紙包、燈飾、服裝……等多元商品，在行銷上因為具差異化而大放異彩。

來自火炎山下的有機稻鴨傳奇

—21 世紀的健康守護者—「稻鴨庄 Duck Field Rice」

鴨耕米 尋回兒時田間的記憶由來
　看得見生態 才是有機

　　猶記兒時，總是喜歡在田埂上追逐著黃毛小鴨、釣釣青蛙、踩著泥濘抓泥鰍，田頭可見處處是浮萍，魚、蝦成群棲息著，累了，還可在田旁水溝享受摸蜆樂。

　　數十年後，驚覺兒時的記憶已不復存，就這樣，苗栗縣火炎山苑裡沖積扇平原人文發展社區，開始發動社區推動傳統自然農法，同時讓政府相關單位介入協助與輔導。現在，稻鴨庄充滿無限的生機，更是無數生命孕育的泉源。數年來的努力，他們不但做到、也看到昔日生態的重現，期盼與大家共同來關心這片土地的純淨，讓我們重拾兒時的田間記憶。

為鴨耕米打造稻鴨庄的品牌及故事

　　2001 年春，當大地萬物正值甦醒的時節，一群住在苗栗苑裡的有識之士，抱著一顆疼惜大地的心，決定為故鄉找回不受污染的自然生態鏈。

　　歷經多年四處取經，終於發現讓稻田自然復甦的農法，鴨耕稻—擷取自老祖宗的智慧結晶，結合卵石砌生態工法與稻鴨共作的稻耕方式，以自然農法復育土壤為經，採古傳自然節氣運行為緯，一種既永續又符合現代消費意識的環保耕作法，就在苗栗火炎山下甦醒。

　　在社區老一輩的農民眼中，這簡直是不可能的任務，但是這一群土生土長的老實人心中，始終堅持以大自然為師的信念，相信唯有透過生態復育的方式，才能重新找回台灣優質稻米的春天。

在稻鴨庄品牌下，從鴨耕米
300g×5入裝，小禮袋、1.5公斤
×2入裝囍米袋、到米麩罐裝，
一一建立火炎山稻鴨庄的綠色有機
形象。自品牌建立後兩年，稻米每
年兩季收成之間都有空窗期，端見
品質力、品牌力加上行銷力的無形
威力。

稻鴨庄的
客家「桐花禮讚」禮袋

客家食品占 70%，工藝品占 30%，琳琅滿目的產品或
包裝上，形成以桐花作為客家產業品牌意象的主旋律。

異業結盟之商品開發

客家桐花扇的 12 種風情

「扇解人意」傳扇情

打破迷思，讓表達情意的方式，多一點文藝復興的浪漫吧！試試充滿復古風情的以扇傳情，以 100% 手工打造的折扇，運用各種桐花展姿的視覺魔力，將心中的濃情蜜意以含蓄且充滿文化的方式，煽動著古老的懷舊靈魂，傳送給你想傳達的人吧！

我們打破傳統送扇易分散的迷思，化為「傳善」的正向意念，翻轉從古至今的形聲負轉正的形象。

「客家溫情」變色熱杯

　　白瓷上綻放的焦糖色桐花，在與熱水邂逅後，馬上轉變成橘色或桃色桐花，溫馨傳遞著屬於客家的人情風采，無論孤獨或眾樂，桐花變色的視覺魔術，隨時提振好心情。

「客骨銘心」變色冰杯

　　晶瑩剔透的玻璃杯上，飄浮著朵朵霧中桐花。當冰水光臨，霧中桐花彷彿具神力般，一一漸變成晴空藍或羅蘭紫。在冰沁中綻放的桐花，象徵刻苦中堅忍不拔的客家精神—愈冷愈開花。

Part 4 啟動一鄉一特色的地心引力
神氣活縣山海經

在 2009 年，我們為當時的臺北縣政府（改制新北市）規劃了一鄉一特色的文創商品案。當時分別依據 29 個鄉鎮的產業、文史、生態、傳奇等特色展開調查分析，最後針對地標元素、產業元素、觀光元素、民俗元素、信仰元素、祈福元素、美食元素等一一量身打造在地文創商品。

我們以「一鄉鎮一特色」文化創意商品之設計與開發為計畫主軸，期能運用台北縣 29 鄉鎮市人文、歷史、地理、活動等地方特色，發展出各式具有文化創意之衍生商品，藉此讓民眾認識台北縣 29 鄉鎮，進而點燃台灣各地文化創意熱情與產業紮根發展，連動提升台北縣文化創意產業品質與內涵。

針對地標等八元素打造

我在 2009 年，為臺北縣政府規劃了一鄉一特色的文創商品案，當時分別依據 29 個鄉鎮的產業、文史、生態、傳奇等特色展開調查分析，最後針對地標元素、產業元素、觀光元素、民俗元素、信仰元素、祈福元素、美食元素等一一量身打造在地文創商品，比如鶯歌以「繽紛窯情」的鸚哥盤形塑，將鶯歌陶瓷所有代表性的技法燒製在一只鸚鵡造型的盤中，可當壁飾亦可置於桌上置物。中和的標的是烘爐地土地公，我打造一個 Q 版的土地公存錢包「圓夢錦囊」，為擁有者守護錢財，此款設計採用可進出錢幣自如的彈性潛水布材，量化後單價低，人人皆可輕鬆入手，但仍不失代表信仰元素的在地文化精神。以上這兩樣商品，鶯歌盤運用傳統陶瓷素材開模量化，圓夢錦囊則以現代素材為載體，前者單價較高、客層以學界、文藝人士為主，後者為平價之大眾化定位，在文創的軸線下，消費者可各取所需、皆大歡喜，是屬於普及化的「眾樂樂」！

以永和豆漿聞名的永和，我設計了「永和有一套」燒餅油條文具包，採用數位印刷技術，複製攝影後的燒餅數位噴印在帆布上縫製而成，內附兩隻油條原子筆；各位想想如果友人帶一套可享用的燒餅油條給我們，和這個擬真文具包，那一個印象深刻、永留記憶及話題，我們答案應該是一致的。

碧潭是北台灣知名風景區，我們以碧潭吊橋為地標元素，打造一個「風橋潭影」吊橋提袋，結合三種材質的原因是可分開製作再組合，提升量產速度，其中藍染之型染，委託在地藍染深耕已久之民間單位製作。

關於地標元素，另一個有趣的案例是萬里的野柳，我們提出的三案皆以「女王頭」為標的，第一個概念是鍛錘質感的女王頭，在眼尾的位置鑲上一顆晃動的水晶淚珠，象徵女王頭即將傷心揮別世人；第二個提案是模仿一塊磚型蠟燭，其上結合女王頭之浮雕，象徵蠟燭燒盡後，女王頭即消失於世；第三個採用案是女王頭造型手工皂，我們為她穿上華服、戴上珍珠項鍊，為告別於世留下最後一瞥，當肥皂用

完女王頭就消失了！這樣是不是有淒涼浪漫之美？我們以矽膠模製作原型，可以製作各式配方的手工皂，在成分和色澤變化下，就可提供多元化的選擇。

林口標的選中的是竹林山觀音寺，寺中主神是一尊高 185.42 公分的檜木貼金箔千手觀音，我結合林竹意象的竹葉成一葉扁舟，一端承載著迷你鍍金觀音，再結合新港香藝的一柱線香，成就了「心靈方舟」觀音線香盤，採用的是信仰元素，屬於心靈商品的定位，目標客層以女性高壓族為主，藉一炷心香傳達煩心事，祈求觀音菩薩的加持，自用或送給需要者皆充滿溫馨。

在祈福元素面上，以平溪的天燈為例，採用彈性布料，以雙層縫製方式包覆在天燈造型的木框上，當燈亮起，則雙層布料印製象徵福氣的蝙蝠，若隱若現的浮現在天燈上，名為「直達天聽」福氣平安燈。選擇民俗元素的泰山鄉，雖然早期為美國芭比娃娃代工廠而知名，但我們需要建立在地意象，於是找到子弟戲與花獅節的相關衍生，最後一把配合一年一度花獅節的「開口嘯」花獅團扇勝出，扇面以數位噴印花獅的造型，在花獅節表演時可人手一扇弄獅耍寶，增加互動的熱鬧氣氛。

結合上、中、下游產業鏈

以上針對台北縣一鄉一特色開發設計的文創小物，都很直接呈現在地的代表性，更重要的是結合工藝、工廠的生產鏈，讓上、中、下游產業可以形成相互依存的供需關係，或可稱之為生命共同體，漸漸的以在地凝聚成群聚的效應，結合訂單、大小工廠、人力等各種資源，正是由在地啟動地心引力的強大磁場。

原鄉符碼

文化創意

地方工藝

文化創意工作者必須一手連接原鄉符碼，一手牽動傳產工藝，作為連結上、中、下游產業的平台，為台灣產業接地氣。

　　這是台灣地區最完整的以在地特色量身打造的成果，我們以三個月時間，從田野調查、提煉特色、形塑主題、設計草案、定案後並結合在地傳產打樣、設計包裝、撰寫產品故事等，竭盡一切所能後交出了漂亮成績。

　　山海交會、城鄉並存的台北縣，擁有豐富的人文、歷史、產業與觀光資源，縣境內擁有海岸、河流、山脈和溪谷等不同的地貌景觀，在地理位置上處於台灣本島最北端、最東端，也是台灣第一個有捷運、最多縣轄市的縣，再加上全國人口數最高的多樣之最，可以自豪的稱之為台灣第一大縣。由田園風光、奇幻山城、河岸小鎮所匯集而成的台北縣，同時也是異鄉人定居、地方傳統產業發展的重要據點。鶯歌陶瓷、三峽藍染、坪林茶業、淡水景觀、烏來溫泉、平溪天燈等濃厚的城鄉魅力，以及宗教信仰所帶動的歷史人文特色，都是台北縣最珍貴的寶藏。為此，我們以「一鄉鎮一特色」文化創意商品之設計與開發為計畫主軸，期能運用台北縣 29 鄉鎮市人文、歷史、地理、活動等地方特色，發展出各式具有文化創意之衍生商品，藉此讓民眾認識台北縣 29 鄉鎮，進而點燃台灣各地文化創意熱情與產業紮根發展，連動提升台北縣文化創意產業品質與內涵。

雙贏策略・相乘效益的使命

好 事 成 雙 ⟶ 建構文化與產業上、下游共振的雙贏計劃

齊 心 協 力 ⟶ 結合 29 鄉鎮特色，共構北縣 DNA

工 藝 交 鋒 ⟶ 複合材質整合應用，以創意商品開發導入產業互助機制

在 地 魅 力 ⟶ 全台首創 29 鄉鎮特色商品，有效打造多樣化在地特色

啓動台灣製造 ⟶ 厚植在地特色產業生命尋根

藝 猶 未 盡 ⟶ 以消費帶動觀光，藉由特色商品喚起舊地重遊或親臨現場的觀光效益

生 活 傳 情 ⟶ 以各鄉鎮廣為人知的特色點切入，轉化為家庭、辦公場域或隨身攜帶之生活用品與心靈依靠

尋寶圖 IP 開發

在山海經的主軸下，我們繪製了一幅北縣尋寶圖，作為專屬共同意象，及本案產出 6000 件商品的 IP。

台北縣境內擁有各式地景、地貌及知名地標，在信仰上亦有多座香火鼎盛之廟宇古剎、座落於山林間的清幽小廟、特色教堂等，

都是北縣民眾信仰與心靈依靠的力量；藉此，特別以「神氣活縣山海經」主題，作為縣內 29 鄉鎮特色商品之整體行銷意象，並以生態結合景觀地貌，開發一款北縣專屬山海經地圖，作為串連起 29 鄉鎮的共同視覺意象。

　　《山海經》，是先秦古籍，也是第一部記載中國境內的地理物產、奇花異草、珍禽異獸、民俗醫療、宗教神話等的一部古老「藏寶圖」。

　　台北縣境在我們的田調中，擁有各種林相濕地、海蝕奇岩、金石礦脈、奇花百草、珍禽候鳥、民俗信仰，再加上多元的地方特色產業，如陶瓷、藍染、製鼓、冶金、印染、雕刻等工藝基礎，因此特別繪製一張縣境尋寶圖，形塑台北縣為一部現代的藏寶圖，並特別以「神氣活縣山海經」為名，結合在這只布提袋上，讓遊客們按圖索驥，尋找鮮為人知的神祕寶藏，並以提袋盛裝滿載而歸。

　　依據尋寶圖開發的布提袋採用 12 套色自動化網版印製於胚布上，民眾帶著地圖包按圖索驥遊走各地，同時也是採購禮品的隨身好拍檔。

打造田野調查的文化寶藏鏈

這是一鄉一特色中最主要的操作靈魂。

此文化寶藏鍊打造的載體，採用坊間金屬互動球的形制，五顆球分置文史調查、生態調查、自然調查、傳奇調查及民藝調查等五大田野調查內容，主要目的則放在最大顆球做爲啟動主力。由於台灣的傳統工藝、工廠等紛紛外移或式微，爲了將文創商品的生產與在地產業接軌，藉產出基地紮根來連動產業復甦，因此我特別把民藝調查作爲主球，由它帶動文創產業的復興。在此 29 個鄉鎮中，每一個地區我們都根據以上五大層面，一一收集資料並親臨現場調研，才能提煉各鄉鎮主要特色後客製量身打造。

從田野調查出發→**萃取地方文化精髓**→轉換在地文創商品

文史調查
古蹟廟宇、園林宗祠、博物館、名仕聞人、民間信仰、吉祥寓意、圖騰符碼

生態調查
百年老樹、奇花異草、台灣原生動植物、農產、珍禽異獸、候鳥

自然調查
山岳、海洋、河川、溪流、瀑布、奇石、礦脈、海蝕、濕地、沼澤

傳奇調查
民間傳說、奇聞軼事、民俗醫療、稗官野史、俚語諺語、地理堪輿

民藝調查
陶瓷窯業、植物染、藍染、打鐵、採礦、製墨、製鼓、木雕、花獅、繪畫、雕塑、金工、拼布、編織、玩具、布袋戲、天燈

以下是台北縣 29 鄉鎮完成的地方文創商品，分別依地標元素、產業元素、觀光元素、民俗元素、信仰元素、祈福元素、美食元素等七類主題量身打造；其中三芝由於審查委員各有所好，最後選擇兩案產出。

金 山 | 海上柔情－燭台嶼蠟燭組

跳石芋頭蒐集銀白浪花

編織成銀河傾洩在星空中

劃天而過的流星與夕陽換班

愛的誓言隱隱發光

乘著歸船時分喚醒漁火點點

沙珠灣上的情人們

為計劃許久的終身盟約－－告白

向天點燃象徵兩人世界的雙心蠟燭

一手托起相依之火

一手向天 表心明志

相守共度未來一生一世

來源／燭台嶼　　　　筆者在燭台嶼前模仿遊客的錯位攝影

飄浮在海面上的燭台嶼，在茫茫大海中像一對不離不棄的伴侶，任它天荒地老的永不分離。

年輕朋友們在由高往下望的金山海域現場，紛紛以手錯位的拍攝方式，將手對位在燭台嶼下方拍照，於是成就了我們設計一個白瓷佛手，上面托著燭台嶼做成的雙心蠟燭，當兩人決定共守一生時，請點燃這對象徵天長地久的蠟燭，在雙層設計下，燭台燃盡而外觀依在，是永恆的定情紀念。

萬　里 ｜ 野柳寄情－女王頭香皂

萬年前我從海底升起

舉目之下只有海風、海鳥及海水相伴

在歷盡風霜的孤獨中成長

獨戀善變不羈的高傲天神

佇立海岸幾千年來

我由青春少女漸入遲暮

在消失於世的最後一刻

請為我穿戴珍珠項鍊與華服

共舞今生最燦爛的告別一瞥

來源／野柳女王頭
攝影／林洺綸

位於北台灣野柳的女王頭，是海蝕地貌中最吸引人的亮點，每年大批遊客擁入，皆為一睹女王遺世而獨立之姿，我認為這不僅是台灣的地標，更是世界的地標。為女王頭精心打扮而成的手工皂，和我們產生了肌膚之親，在使用時更暗示了她即將消失於世，讓我們珍惜與她共舞的分分秒秒……

板　橋 ｜ # 時空之窗－數位窗櫺相框

驟然從凡間跨入林家花園時空門
沁涼徐風輕撫雙頰
樹影竊竊私語地暗示一道神祕幽徑
遁入一場曲折蜿蜒大迷宮
驚見老牆漏窗揭開透明面紗
煽情地施展魔幻魅力魅惑造訪者迷失於密林中
有正義感的冰裂窗適時伸出援手
指引我們重返人間
這位化身為數位基地的冰裂窗大哥
現在以時空導遊的身份自居
安全地護送我們隨時浪跡天涯海角

來源／林本源園邸

隱身於板橋市內的桃花源－林本源園邸，俗稱林家花園，有古色古香的園林、各式漏窗與框景門，52 個房間中有超過 120 多扇門窗，我們選擇既古典又現代的冰裂窗，結合數位相框，成為桌上兼具展示相片功能的古典小框景，在古今穿梭中溫古又知新。

地標元素

新　店｜風橋潭影－吊橋提袋

輕風吹皺水面漾起一道清波
潭上天鵝船正低頭相依交首細語
順風滑行山光水色中
山巒間傳頌著一則則傳奇
當年隱居深山貧寒的善良青年
為一見鍾情的對岸書香世家掌上明珠
發奮苦讀數年中舉返鄉
用心打造一座相隔兩地的吊橋
心儀佳人卻已嫁作人婦
這座象徵天地間的虛實吊橋
以愛情為名傳頌一曲曲美麗與哀愁

來源／碧潭吊橋

我們在進行田野調查時，原本寄望提供山、水、遊船休閒的資深吊橋，會有許多浪漫傳奇，竟而一無所獲，於是以想像為碧潭吊橋寫下這段淒美的愛情故事。

以三種材質，竹節提把、藍染型染加上水紋布材的混搭設計，分別由三家廠商進行製作，可提升產值、也是符合現代年輕取向的異材結合設計。

蘆洲｜李氏良方－貼心書寫包

18 世紀在和尚洲紮根的李宅
坐擁七星落地與觀音倒影盛景
書香宅第孕育世代子弟
秉持勤讀 深耕 行醫 愛國 家訓傳承
以忠貞愛國保家衛民為志
立懸壺濟世望聞問切為業
幾世紀的血脈注入推己及人之大愛
在古宅中烹一壺老茶
回溫祖厝道不盡的傳家寶典
打開時空寄藥包
提神、忘憂、寬心、去厄
生命中點滴書寫
——密封在李氏心靈藥包錦囊中

來源／蘆洲李宅

李氏古宅的第三代傳人從醫，也是當年革命捐獻的愛國之
士，我們採用台灣早期鄉下家庭普遍都備有的「寄藥包」
形式，復刻舊時代的文具寄藥包，裡面裝著鉛筆（上印李
氏古宅大門上的書法－春風增氣色），意謂神來之筆、削
筆器提供除舊、小捲尺象徵寬心、橡皮擦則有除去錯誤之
意，四件小文具皆植入早期成藥包裝之意象，無論自用或
送給朋友，都是幽默有趣的心靈溝通良伴。

樹　林 | 山佳停靠站－時空記憶盒

蒸氣車頭急駛進站

沖天的煙霧神氣冉冉

川流的人潮與旅人在月台邊上演聚少離多

預約下一次相會許諾

一聲告別長笛在煙霧彌漫中揚長而去

酒糟細訴著酒廠昔日經濟奇蹟

喜慶的大紅變身為紅麴精靈

喚醒棧板上沉睡的紅露酒

讓記憶發酵

讓回憶暫存

打開時空盒

走一趟穿梭樹林舊站前往異時空的隨機之旅

來源／山佳車站

坐落樹林的山佳車站，仍然維持日據時代的舊貌，我們
以清新插畫風格，轉印於鐵盒載體上，作為當地以紅麴
製成紅麴餅乾的地標包裝。

三 重 ｜ 仙入為主－神仙盒

隨著和煦陽光的親切指引

來到五穀王的殿前

鮮花素果案前獻上

一把清香在微火中燃起重重心念

天公爐前靜思默念

旋即轉向仙佛列位座前

祝禱及祈求盡情傾訴

碎語呢喃成一首首上傳天聽的樂音

隨著清煙裊裊升空

泛黃的八卦藻井訴說陳年香火頂盛

看盡一代又一代的傳承接續

二百六十餘年的守護者

神農大帝與配祀仙佛靜靜傾聽

每一個心中祕境一一陳封於先嗇宮淨土中

來源／先嗇宮

三重的地標先嗇宮，俗稱五穀王廟或五穀王廟，建於 1755 年，是三重區二重埔的市定古蹟，以道教為主的民間信仰，主祭神農大帝外，最特別的是廟中還供奉了保生大帝、延平郡王、月下老人、文昌帝君、註生娘娘、觀世音菩薩等多元神明，於是我們以民間益智遊戲「華容道」結合先嗇宮的各種神明，上演一場屬於神界的仙入為主益智遊戲。

石 門 ｜ 富貴常在－燈塔年曆

狂風與海浪結盟

以滴水穿石的堅持啃蝕出龍洞

山頂上幾支大型風輪隨興共舞

鳴唱著一回又一回的圓舞曲

幾枚單線風箏從北方趕來湊熱鬧

以飛天之姿和著節奏

富基漁港中漁船正滿載回航

海龍王的獻禮一船船驚喜

沿岸上黑白相間的富貴角燈塔睜大眼見證

日日月月分分秒秒痴心守候

每一位出現在北海時間軸上的過客

來源／富貴角燈塔
攝影／林洺綸

對討海人而言，燈塔一如神明般的安定了海上來往船隻的方位，
它日以繼夜、沒有休息的天天守候著行船人。

我們沿用早期撕日曆的三種功能，一年轉動一次，一月轉動一
次，每日藉由旋轉啟動一天的開始，回歸到沒有手機、沒有電
腦的舊時代，不也是一種溫古創新的生活溫度？

三 峽 | 三峽奇緣－藍染絲巾

滿山大菁隨風搖曳

化入水中成為藍色精靈

昔日的三峽人以布為紙

留下一篇篇青出於藍的民間回味

街坊前的三角染在吊橋下飄動藍巾

恭迎清水祖師爺

展現鬼斧神工的殿前極致工藝

神龍以迅雷之姿在藍絲巾上現身

老街廓也如影隨行而來

在祖師廟上演一場謝神大戲

攝影 / 雅比斯國際創意策略　　來源 / 三峽老街

三角湧社區長期在山峽推廣藍染工藝，近年來在技術成熟後，嘗試全世界首批藍染皮革製作，獲得極佳迴響，但僅限於客製接單。

我們採用藍染的型染技術，將三峽祖師廟立面及龍柱、三峽老街建築透視、拱橋等意象請入絲巾上，任由個人喜好隨興上身。

產業元素

鶯 歌｜繽紛窯情－拼花立體鸚哥盤

鶯歌佇足的山腳下
轆爐轉盤總是開心地跳著圓舞曲
大小窯場長年以熊熊火光彼此么喝
釉彩與素胚的戀情持續加溫
相守一生的永恆守候誓言
在堅守一千度高溫的火神見證下
傾注所有你濃我濃後
青花與胭脂紅相繼顯影
在一千二百度的浮光掠影中
融合青花瓷、胭脂紅、釉下彩、霧金、亮金、
雕金等多種技法
打造出鶯歌盤中仙
在牆上展姿，在案上復活

來源 / 鶯歌石

鶯歌地名來源是因為山上有一巨石貌如鸚鵡而得名，其為台灣陶瓷產業的重鎮，是早期台灣為國外代工、所謂的 OEM 陶瓷器製造的大宗外銷訂單生產基地。

鶯歌即鸚鵡，是羽翼五彩繽紛又會模倣聲音的討喜之鳥。我們以陶瓷產業為根打造一只鸚鵡造形盤，盤上匯集鶯歌陶瓷最普及精典的技法，將貼花、手繪、釉上彩、釉下彩、霧金、雕金等整合在一只象徵五彩爭艷的盤飾上，是既可當壁飾又可當置物盤的在地代表性特色好物。

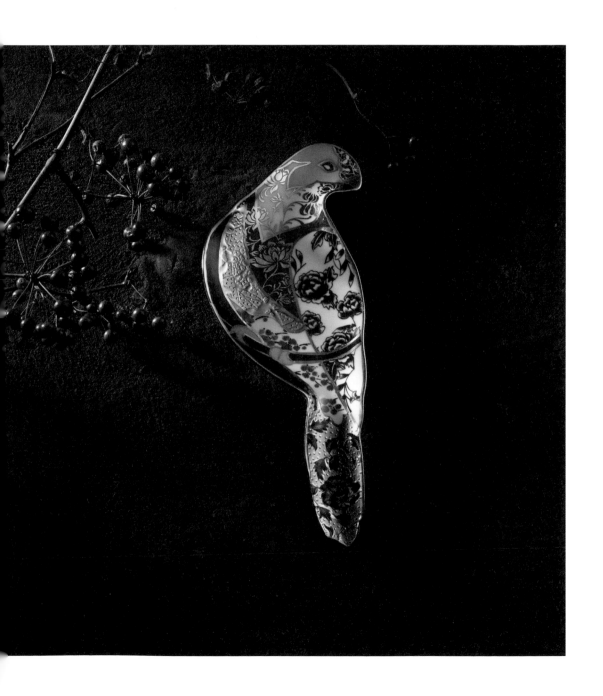

新 莊 | # 弦外之音－擊鼓儀

敲響晨曦第一道曙光

透過山間枝葉相倚的細縫

漫天雲霧盤旋成一道豐厚氣息

聚氣在都市叢林中

咚 一聲響爲經

撼動天地間開啓一條通往心門之路

咚 二聲響成緯

音波推進百年三代使命的執著

道道一絲不苟的傳承工法

在世界軸心中隨緣轉動

交疊出新莊鼓世震天的傳奇脈動

來源／响仁和鼓業

在一鄉一特色的操作上，我特別著重在地傳統產業的振興。新莊有一家百年製鼓業，名爲响仁和，台灣的老廟宇內都有响仁和打造的大鼓高掛，著名的表演團隊優人神鼓所使用的大小鼓，也全由其一一製造。

這款擊鼓儀，由地球儀結合小鼓而成，提供人們難以啓齒的心事藉以傳達天聽、是用手一邊轉動一邊以鼓棒擊鼓的心靈抒情儀。

產業元素

汐 止 | 情歸水返腳－木模龜印杯墊組

交疊的高速公路車群穿梭
飛快劃過階梯式排列的繽紛高樓
遠方傳來敲擊聲聲錯落
輕叩著一世紀水都進行曲節奏
巴掌大的紅色麵團一派天真展顏
不知蒸氣與雲霧忙著為她訂做嫁紗
壽字在月桃葉上早已兼負使命
龜甲以護城迷宮層層守衛
乾坤卦象暗中助陣
慶祝百年誕辰的長青紅龜耆老

來源／百年紅龜粿店

我們在汐止找到一家紅龜粿的老店，於是用雷雕技術複刻早期
手工雕刻的木模，在內凹處再複製擬真的紅粿成矽膠杯墊，提
供年輕朋友們相聚時，催化陌生氣氛的助興趣味話題。

瑞　芳 | 黃金山城－Ｔ恤

踏上迂迴山路進入五〇年代淘金夢的傳說山城
菅芒花變身向旅人傾訴著當年榮景
陽光在礦坑口徘徊遊移
探不清蜿蜒深處還有金礦等待伯樂現身
三橫一豎的九份小徑
終於在悲情城市中風光再現
雲霧、階梯、茶館、大紅燈籠
適時在細雨紛飛中撐起一把油紙傘
這一切仿若隔世
詩人們在此文思泉湧
情人們在此領略詩意
瀑布洩漏了黃金祕道
玄藏千年後，等待有緣人奇蹟開啟

來源／採礦業

九份早期是開採金礦的聚寶地，如今黃
金祕道仍引人無限遐思，雖然礦坑早已
停採，但九份小鎮上古意濃情穿梭盪漾，
我們把黃金小鎮、礦坑及礦工意象，以
發現金礦的亮金烙印在Ｔ恤胸前，穿著
走在街上即為最閃亮的移動風景。

攝影／雅比斯國際創意策略

產業元素

雙　溪　賓主盡歡－繁花綻放杯

蝙蝠山景畫中來
　　擁覽雙溪登高台
貂山古調傳世代
　　文人騷客聚常在
思古幽情踞心懷
　　野薑花舞葉搖擺
雅香撲鼻風欲摘
　　清蓮綻放顯姿態
文人雅士雲步抬
　　相約同遊花間海

來源／花卉產業

雙溪年年舉辦蓮花節，同時也展示在地其他花卉，我們利用溫控油墨的低溫變色技術，將各式花朵燒印在玻璃杯上，當杯中加入冰水及冰塊後，白霧姿態的花朵一一綻放成彩色豔麗的生態，在生活中隨時提振好心情。

產業元素

貢　寮　｜九世情緣－貝殼項鍊

綿延彎折的蔚藍海岸
乘著風穿越草嶺古道
奇岩嶙峋在側、灣岬爲伴
髮梢封存海洋氣息
足跡壓印福隆沙灘
是獻給太平洋的短暫收藏
遠渡而來的風鼓譟著舞台裙擺
激情的跳動　搖滾音樂祭
定格東北角的深情一瞥
貝光舞動共享夏日的誓言

來源／貝殼產業

年年夏天在貢寮舉辦的海洋音樂祭，是年輕人逐夢歡樂的夏日時光，我們以當地盛產的九孔貝及珠貝，結合海洋與音樂旋律的意象，打造一條銀墜飾，作爲男女之間在大海見證下的應景愛情信物。

產業元素

八 里 | # 柚香八里－精油燈座

圓月映照在粼粼波光的河面

彈跳弧線以彩虹之姿橫跨淡水兩岸

觀音側臥的山腳下

河濱夜景哼唱著夏夜蟬鳴

水筆仔落地而生

漫延成一片擁抱左岸的紅樹林

十三行博物館榮景猶在

村民在門庭前烹茶曬月話家常

柚香陣陣　隨風迷漫

北八里　南麻豆在燭光中千里傳香

來源／柚子產業

北台灣盛產柚子的寶地在八里，坊間有北八里、南麻豆的說法。
我們以仿生的做法，設計這款柚型精油座，在燃起燭火時，上
面的精油一如柚香瀰漫飄盪在空氣中，另人心曠神怡。

產業元素

五 股 | 雨後春筍－綠竹筍椒鹽罐

迎接夏日豐沛的降雨

準備抬起頭吧！

仰望節節高升的參天密林

歷經數十年五代同堂

足下青澀的小生力軍爭先恐後地冒出

這是觀音山下的綠寶石

一層往左 一層往右 層層包覆的心

由綠到黃的漸層色階是身分證明

遺傳傲骨的曾孫們奮力衝破大地羽翼

搶著成為桌上珍品

展現優質自信的頂尖風采

來源／綠竹筍

每年 5 月到 10 月是綠竹筍生產的最佳季節，清香與清甜的品種，是當地最引以為傲的。我們以綠竹筍為原型，設計一對綠竹筍椒鹽罐，無論是否為產季，都是餐桌上的盎然小生命。

產業元素

坪林 ┃ 山茗水秀－採茶罐

青色隱入山林
一心二葉在梯田上盡情舒展
昔日採茶姑娘今日仍在茶園坐鎮
親手摘下揉搓成形
包種葉脈與手指早已成為莫逆
年輕單車族乘風抒懷
在山間小逕中穿梭尋覓
大茶壺在路口迎接
傾注一泓泉水輕聲訴說當年榮景
隨手帶回一罐低碳包種
期待擁抱熱情的醒腦清新時光

來源／坪林茶業

推動低碳城市由來已久的坪林山區，以包種茶名聞遐邇；為了吸引單車族沿途可以輕鬆消費包種茶，我們設計這款迷你小茶罐，上面畫著坪林代表意象，外衣特別加上一層薄如蟬翼的綿紙，一如山間迷霧穿梭，順手一罐分享猶如親自上山採茶後的山中傳情。

觀光元素

淡 水 | # 新航之旅－藝術船燈

英式建築的紅毛城

留下荷蘭人到訪的斑剝足跡

馬偕博士與百年紅樓對望為鄰

在淡水河畔共賞日出日落

老街道的傳統美食是記憶中的美麗 ending

漁人碼頭的船隻閱讀著旅人的心音

沿著粼粼波光的水與心共振

油車口岸的舢舨舟使命十足的向遠處眺望

這一幕永恆斑斕停格在藝術家的畫布上不捨離去

當夜幕低垂

和著燈火的帆悄悄升起

及時溫暖漂泊旅人寂寞的心扉

來源／淡水漁船

看山、看海、看夕陽，享受阿給、魚丸、海鮮餐後，再造訪隱居於小鎮上的藝術工作者，一小時內就可從緊張的城市抵達淡水享受悠閒，對移居都會的遊子而言，淡水是他們思鄉的慰藉之地。

我們以淡水魚船特色－舢舨船，結合當地藝術家畫作，成就一盞漁船燈火，這一刻是桌燈更是家鄉溫暖的呼喚。

石　碇 | 氣定神閒－吊腳樓門簾

山間傳來敲擊聲此起彼落

遠方闇黑的角落閃著火光

鐵塊經歷水火試煉

在萬般敲擊下學會變身

穿越不見天街百年石頭老屋

淡蘭古道尋幽訪境

細嘗傳統美人茶湯

踩高蹺的房樓列隊在河岸相迎

昔日熙來攘往場景乍現

大堂門簾正迎風飄搖

石碇　歡迎光臨

來源／吊腳樓

石碇的吊腳樓建築，是因應溪水漲潮而設計，一排連棟聚落下方以磚柱托起，在山城中形成緊密交錯的依偎感。我們將吊腳樓與山前後呼應，找來植物染協助一起定古味後，請入室內掛上三層門簾迎賓客。

觀光元素

土 城 | **桐星燦爛－星光桐花傘**

群山環抱的承天禪寺步道蜿蜒
串起綠滿山林間的雲霧祕境
暮鼓晨鐘聲聲悠揚
精靈在枝頭召喚眾鳥起舞
欣喜迎接初綻的五瓣桐花
嬌羞的純白雙頰泛著粉嫩
迎風輕拂飄灑成滿地細雪
隨山澗清流展開愜意之旅
且待夜間螢火蟲甦醒
飛舞炫耀與生俱來的光采
忽東忽西　忽明忽暗
調皮地玩起森林迷藏
開展這把日夜交替的桐花傘
美好記憶就在收放自如間

密林中的土城，每年 4 月～5 月是桐花
盛開的季節，6 月～8 月晚間是大量螢
火蟲出來夜遊的時光。我設計這把桐星
燦爛洋傘，採雙層布設計，外層呈現桐
花飄落在傘上的意象，內層則散佈螢火
蟲在黑夜中的小光點，一把傘同時表現
白天與黑夜兩種生態，是炎炎夏日最青
春無敵的抗紫外線法寶。

來源／油桐花

三 芝 | **藝遊未盡－藝術家地圖**

天神打翻了調色盤與畫具
變成精靈散落在島嶼邊界
幾名牛仔奔馳在寂靜的森林中
找尋祕林中的寶臟
按圖索驥
左手邊的水車指引 再向前
錯綜的叉路如老樹盤根般交疊
在微光的房舍中驚見世外陶園
在祕林的轉角處偶遇馬諦斯
還有地中海的藍白身影驚鴻一瞥
探訪天神遺落的小精靈
請帶上三芝指南針同行

來源／李天祿布袋戲

三 芝 | **藝手掌握－布袋戲偶隔熱墊**

潮汐在淺水灣上拍打著沙灘
臨海的沿岸傳說曾是外星人落腳處
蜿蜒道路在大地間鑽動
水車轉動的家鄉廟埕前傳來一陣鑼鼓響
炫目舞台上雙手舞動著出將入相
喚醒紅鼻劉三與哈買二齒的李天祿時代
哈買！哈買！
沖天炮與招牌暴牙的漏風鼻音對白
幾十年的戲夢人生
一百零一種招牌表情的掌中偶
手裡乾坤 道盡世事千千萬

這是 29 鄉鎮中評審們各有所好下，我們兩款皆中選的特例。布袋戲偶正面是正常版，背面是黑色舖棉材質，可做為隔熱墊，原來的木偶頭則以布料替代的神縮式設計，提供母親做菜時小孩吵鬧的逗樂法寶。

民俗元素

烏　來 ｜ 泰雅溫情－祖靈之眼祈福杯

櫻花盛開的三月年節

花海簇擁著山景渲染山嵐

山巔岩壁間飛瀉而下的瀑布

在高落差中呈現奔騰氣勢

晨昏時雲霧迷濛如仙境

殊不知身處天上人間

信奉祖靈的泰雅族人

在經緯的梭織中繪出菱格

反覆訴說著白色純淨、紅色熱情

感念祖靈之眼永遠的看顧

來源／泰雅族紋飾

泰雅族 (Atayal)，屬於南島語族的一支，是少數傳承紋面的民族。紋面是成年男子勇士的象徵，子女則以精緻的織布成為獨特標記。泰雅族女子在十三、四歲就開始跟著母親學習織布技巧。也開始準備自己出嫁時的服飾。我們以泰雅族代表的菱格織紋轉換到實用的馬克杯上，採用變溫油墨燒製在沉穩的圖騰杯中，注入熱水，泰雅族的熱情符碼立即展現於杯上，是引領我們深入泰雅部落的通關密語。

民俗元素

泰 山 ｜ 開口嘯－花獅團扇

梆子快版陸續出場　鑼鼓喧天排起陣仗

咚咚鼓聲以雷霆之姿響徹雲霄

彩衣神獸乘祥雲由天而來

搖首擺尾穿梭於層層人群之中

炮竹以最熱烈的方式迎接稀客降臨

斗大銅鈴神眼俏皮轉動著

時而蹲坐搔首

時而躍上高台瘋狂跳躍

在眨眼張口之間

醒獅團的七彩花獅年度 Party

潛入泰山撼動大地沸騰樂翻天

來源／泰山獅王節

泰山為五嶽之首，獅子為萬獸之王，結合這兩項具王者意象代表的「泰山獅王節」，在每逢農曆 9 月 18 日顯應祖師誕辰當天，是泰山最熱鬧的宗教慶典，其中「舞獅」是最主要的民俗藝陣，花獅頭直徑 150 多公分，加上鬍鬚全長 340 公分，是活動中的亮點，其工藝也具有收藏價值，是屬於地方觀光與文化產業發展的標的。

我們設計一把花獅團扇，在花獅節慶典時，人手一把參與獅王共舞，保證活躍身體每一個細胞。

信仰元素

中　和 ┃ **圓夢錦囊－烘爐地聚財包**

人潮簇擁蜿蜒而上如鯉躍龍門向前行

步步登高來到火母聖地

黃袍智者在入山口笑臉相迎

手持元寶泛出閃閃金光

求財者趨之若鶩的烘爐地

誠心敬祈香煙漫上雲端

絡繹不絕的人潮依序面見

二百四十餘年香火鼎盛依舊

土地公婆在殿上傾聽

補運添財盼求一枚發財金

在圓夢錦囊中寄予小小心願

且待來日夢想成眞

來源／烘爐地土地公

Q版的烘爐地土地公神像，在圓身的彈性潛水布材中，有了最值得信賴的語彙。背面設計一個一公分長的開口，50元銅板可進出自如，是隨身攜帶的可愛聚財小錢包。

信仰元素

林　口｜**心靈方舟－觀音線香盤**

祥雲縈繞梵音鳴唱的清幽祕境
仙風牽起觀世音菩薩的雪白羽衣飛揚
眼觀鼻 鼻觀心 手托淨瓶雲遊天地間
一抹慈悲看盡天下蒼生喜怒哀樂情
柳枝灑下甘露渡化眾生憂
再化身男眾女相細聞人間事
一葉扁舟航向心靈最深處
燃起清香一炷直達前世因果夢
祈求今世撥雲見日
心石化為一身輕

來源／竹林山觀音寺

林口地標竹林山觀音寺，主神是一尊貼上金箔的觀音神像，我
們設計以竹葉為舟、金色觀音以祈福之姿站在扁舟一端，當線
香燃起，心音即時傳達，庇佑立即加持。

祈福元素

平 溪 │ 直達天聽－福氣平安燈

磚石與枕木形成一絲不苟的軌道
由三貂角車站分支為左右
隱身在都市邊陲的浪漫古道
輕聲呼喚著城市遊俠前來
碧綠潭水與翠山映入眼簾
列車搭載著尋夢客前往未知的祕境
越過十分瀑布來到元宵節聖地
放眼望去滿山天燈挺起胸膛
充滿青春熱情準備向天攀升
心願在振筆書寫的祈福中釋放
隨著冉冉上揚的心音沸騰開來

來源／平溪天燈

放天燈在平溪天天上演，元宵節則是人山人海的湧入平溪小鎮，因此我們打造一只仿天燈造型的桌燈特別採雙層彈性布設計，在裡層印上象徵福氣的蝙蝠，當燈光亮起，若隱若現的福氣現身，溫暖的祈福隨時在家中升溫進行。

永　和 | # 永和有一套－燒餅油條文具包

清晨的街角透出燈火微光
漫天的熱氣從店內流洩成一地雪色彌漫
熟練的雙手在麵團上施展
下鍋前準備迎娶芝麻共渡一生
以火為見證烙下終生盟約
油條小子在觀禮中想急著長大
迅速淘進熱油舞台鍊成為一身銅色男子漢
開心地展現健美身型
然後迫不急待的投入燒餅懷抱
成為燒餅油條家族姻親一員
終於美夢成眞，永和‧有一套

來源／燒餅油條

永和豆漿在發跡數十年後，已是世界名牌，24 小時的早餐飲
食，為早出晚歸或晝伏夜出者提供永遠日不落的貼心服務。
享受美食之後，順手帶一套燒餅油條文具包，親朋好友們鐵定
記得你的幽默之舉。

美食元素

深 坑 | 軟硬通吃－豆腐香皂盤組

山溪野泉歷經百米障礙賽
從麥飯石的層層岩盤中獲得重生
旋即與黃豆相擁共舞
催化了旅途中的芬芳奇遇
當水乳交融成再也分不開的承諾
就以最完美之姿定格永恆
由烙下歲月年輪的長者相迎
一塊塊豆腐精油皂喜悅誕生
來深坑 享獨特焦味傳統豆腐
或親密擁抱純潔豆腐皂撫慰心靈

來源 / 深坑豆腐

台灣地區擁有獨特的焦味豆腐非深坑莫屬了，享受美食軟豆腐
後，帶一塊豆腐香皂自用或餽贈友人，使用時刻即是牽動美好
回憶的停格。

以尋寶圖 IP 意象貫穿整體包裝形象設計

富貴角燈塔

法鼓山

金山燭台嶼

金山溫泉

野柳女王頭

黃金博物園區

汐止北峰寺

金瓜石

平溪天燈

十分瀑布

三貂角燈塔

深坑永安居

菁桐車站

雙溪舉人厝

靈鷲山天眼門

瑠公圳遺址

坪林茶業

雙溪蓮花園

石碇皇帝殿

159

Part 5 啟動生態文化的地心引力
萃取樟木魂挖掘苗栗寶藏

苗栗因山巒連綿、氣候濕潤而樟林遍布，尤其在銅鑼、三義、公館、南庄等地山區，更是生長了濃密的樟樹森林，並從樟樹衍生台灣第一個「世界第一」的樟腦產業。

雖然樟腦產業與木器產業現已逐漸凋零，但苗栗當地仍有堅持傳統為本，並開發適於現代人生活主張的服務。在產業的知性、感性交織體驗之旅帶動下，必然觸動都市生活圈的遊客們親臨苗栗，欣賞台灣最珍貴的森林綠寶，看見未來新契機。

歷史地緣的產業基礎

　　台灣第一個「世界第一」的產業，就是從樟樹提煉製造的樟腦產業，曾有「樟腦王國」的美譽。苗栗因山巒連綿、氣候濕潤而樟林遍布，尤其在銅鑼、三義、公館、南庄等地山區，更是生長了濃密的樟樹森林，自 1629 年開始，台灣大量開墾樟林採腦與製作，許多「樟腦」的身影在地名中可窺見一二，如銅鑼「樟樹林」是以樟樹多聞名，三義勝興原名「十六份」，大湖「百二分」、「四份」、「八份」等，都是當時依樟腦開採之產量多寡而取名，可見「樟林採腦」與苗栗關係十分密切。

　　台灣樟腦產量一度占全球 80%，造成台灣樟樹遭到過度採伐，幾乎要在台灣的林地消失滅跡。樟木數量銳減後，加上漸被化學合成的樟腦取代，才影響台灣樟腦業日漸蕭條。如今，製腦業分布範圍已萎縮至台灣中北部，當今製腦悠久的歷史分布中，如銅鑼等少數鄉鎮仍有小量生產。不過由於天然樟腦所具獨特的健康配方，以及台灣近年來注重休閒養生的風潮，部分樟腦工廠已轉型為觀光教育性質，兼營讓觀光客體驗熬腦的過程；也有少數廠家專事經營生產樟腦及樟腦油外，並進而利用這些原料製成各種紓壓、香氛等樟腦配方製品，如樟腦皂、精油及沐浴組等，來符合現代人生活周邊的實用型衍生產品。

重新喚起如母親般守候的樟木

樟樹和榕樹，都是台灣常見樹種，我們因為太熟悉反而忽略它的存在價值。樟樹有許多特點，一來它分枝多，樹冠層層堆疊能夠有效阻隔雜音；二來，它能抵抗空氣污染，一年四季常青盎然，因此常被作為行道樹，現今其栽植已遍布全台灣，無論都市、鄉村民眾對樟樹都有一定的熟悉及情感。

如今樟腦產業雖然已大不如前，但樟樹由於壽命長、枝葉茂密、容易辨認，許多地方都還保存著樹齡百年以上的大樟樹，在鄉里間，樹下常是過去農村聚會或供奉神明的地方，也是里民們閒來無事聚會的場所，因此在無形中早已成了人們常相左右的良伴；有百年老樟樹的地方，亦會以樹為守護神，並視為「鎮地之寶」，成為人們心靈安定的一股正面能量。

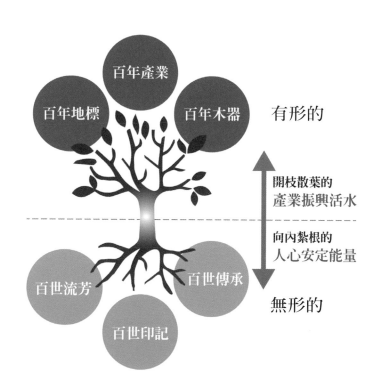

　　我們打造「森林綠寶石」來形塑樟樹的珍貴價值，從常民生活取向延伸，結合外顯性的「產業層面」與內化性的「心靈層面」兩大軸線建構，分述如下：

百年地標

地方靈魂的老樹神木

百年產業

觀光創新的熬腦產業

百年木器

代代相傳的生活木器

產 業 層 面

心 靈 層 面

百世流芳

長久飄香的堅貞愛情

百年印記

時間定格的永恆記憶

百世傳承

生生不息的永續生態

　　雖然樟腦產業與木器產業現已逐漸凋零，但苗栗當地仍有堅持傳統為本，並開發適於現代人生活主張的服務，如東華樟腦廠；我們以老樟樹為旅遊探訪指標、在認識熬腦產業與生活木器產業的知性、感性交織體驗之旅帶動下，觸動都市生活圈的遊客們親臨苗栗，欣賞台灣最珍貴的森林綠寶，再進一步引導關注台灣昔日傳統產業之輝煌歷史及未來新商機，藉「懷舊」與「創新」雙重話題發酵，期能帶給苗栗縣樟木相關產業一劑「溫古創新」強心針，進而刺激在地產業開創新局，招來觀光旅遊新契機。

　　將樟樹生態壽命長、活得越久越壯大、抗蟲耐腐且持續散發芬芳的生態特性，轉化為人與人之間恆久不變的情感，並以「老樟樹」、「樟木箱」所衍生的生活回憶與集體經驗，將「樟樹」的意象活化，使人們珍惜樟木、進而保護樟木，維護傳承世世代代的綠色資產，達到生態永續之教育功能，進而維繫人心安定的生活能量！

由「森林樂樟」奏起森林交響樂

現今苗栗縣有豐富的森林生態環境、觀光資源、產業工藝，只是近年來皆以客家、桐花為行銷主力，為了讓遊客能夠從不同角度來認識苗栗，我們選擇以「樟木」為苗栗建立新意象，譜出一段伴隨枝葉起舞、蟲鳴鳥叫、旋律悠揚的～**森林樂樟！**

形象識別
結合樟葉生態、台灣藍鵲與音符的文字意象

森林樂樟的故事就這樣展開了

老樟帶著小樟
世居於溫潤的山城坡地
只為一個不老的青春信念
它們將身體外衣製成皺褶起伏的肌理
藉此儲存天地珍貴精華
以便隨時展現新綠蕩漾的青春臉龐
家中一只傳承三代的樟木箱大伯
在我們換季收納開箱時
隨著釋出的樟木清香沉穩道來～
樟木家族們長年在大自然歲月中
累積強大的長青元素與防衛抗體
是神奇不滅的獨特芬多精
當人們將樟木提煉打造成各種生活用品後
就完成它們小我修煉成大我的壯志
每當空氣中傳來微微的樟木香
正是它們老靈魂與我們的神祕對話
引領我們進入樟木林間共譜一曲森林樂樟

森林樂樟七重奏，奏出了在地的凝聚力

一重奏 `百年地標` 百年樂樟－尋找百年老樹

　　從苗栗境內選出最重要之老樟樹，為其掛上英雄牌，並製作一份「尋樟指南」，鼓勵民眾依循路線探訪踏青，認識這些鄉鎮上的「精神之柱」。以遊戲的方式來吸引遊客，在每棵老樟樹下設置集戳章處，集滿後可換得贈品或抽獎；還可結合 APP 程式做導覽，指引路線、介紹特色；或以 FB 打卡集結人氣，並可連結周邊景點，打造深入苗栗觀光的「時空旅人」行程。

二重奏 `百年產業` 百家樂樟－樟樹文創設計競賽

　　舉辦一場以「樟樹」為主題的文創商品開發設計競賽，可分「專業組」及「學生組」，藉由公開徵選文創商品之宣傳曝光機會，不僅能引起大眾深入了解樟樹的魅力所在，選出的作品透過公開與巡迴展出，收集大眾的喜愛數據，作為量產開發的指標，令人驚豔的創意展現也必能引起觀眾共鳴；未來每年可舉辦一次，漸漸形成在地重要創意競賽，並可深植樟樹成為苗栗的主要意象，讓苗栗吹起一股「百家爭鳴」的樟樹商品創作風潮。

三重奏 `百年木器` 傳家樂樟－「樟木開箱文」徵稿

　　許多人家裡都有阿公阿嬤時代流傳下來的樟木箱，這些樟木箱，有的是漂流渡海到台灣、有的是昔日女兒的嫁妝，還有的仍用於家常收納或成為客廳擺飾。角落的樟木箱裡藏著什麼樣的故事與回憶，等你來翻出未知的感動與驚喜。以「樟木箱」為主題，徵求影像、散文之投稿，經評審選出入圍者，可集結成冊出版專書，成為形塑苗栗的慢活好「文樟」。

四重奏 百世流芳（一） 幸福樂樟－樟樹下的愛情見證

情人節建議活動，可於 2/14、3/14、七夕在不同的老樟樹下舉行

　　樹下常是小情人散步約會的好地方，來到樟樹下，彷彿回到當時兩小無猜初戀的記憶暖流中；而活過百歲的樟樹若有感應，必定也見證過許多愛苗的萌芽茁壯。本活動邀請幸福老夫妻在百年樟樹下，為年輕朋友們做愛情的福證。

　　相守相伴一輩子的老夫妻之間，其情愛正如同百年樟樹歷久彌堅、和諧芬芳，不僅為年輕朋友作了良好示範，也為一段段已經熟成或正要開始的愛情見證永恆，帶來一輩子的幸福樂樟。

五重奏 百世流芳（二） 綠化樂樟－樟苗種植計畫

建議實施時間，3/12 植樹節、4/22 世界地球日

　　有句話說：「從前拚經濟製樟腦，現在拚環保種樟樹。」樟樹散發的芬多精與負離子，不僅能促進生命常保健康，更能調節溫度，有「天然的冷氣機」之稱，尤其地球年年增溫的危機，我們更應起身行動響應。在植樹節或世界地球日當天發起樟苗種植計畫，有意義的防止地球暖化，並朝社區綠化、環境美化、生活優質化的方向前進！

六重奏 百世印記 智慧樂樟－樟木文史資料展

　　從前樟木廣泛應用在醫藥、軍事、香料、殺蟲劑、工業等用途，後來用於室內傢俱，現在則多用於生活芳療用品開發，其所包含的範圍相當廣，若能夠統整樟木各類資料，並結合台灣樟腦發展史上珍貴的老工廠、老照片等，以文史圖文結合互動新媒體科技展出，必能引起民眾對樟木的廣大迴響，一起找回最天然的生活環保「主樟」。

七重奏 百世傳承 芬芳樂樟—樟木達人秀

　　邀請各界樟木達人入列，舉辦一場以「專家」為主秀的博覽會，不論是製腦、木器、雕刻等的技術達人、設計樟木小物、文創商品的創意達人或者彩繪木材的師傅、專家，皆是邀請對象。歡迎闔家光臨，有空到苗栗體驗弄「樟」之喜，除了欣賞達人們的現場表演，還有現場手作 DIY，是全家互動的優質休閒，再搭配陣陣撲鼻而來的樟木香，達到身心靈都滿載而歸的歡喜樂樟。

　　以上規畫的七項活動，再搭配周邊商品開發、販售或作為在地紀念贈品，更能達到記憶深刻、活絡產業之效益。

在地好生意，形塑舊品成新品

　　結合苗栗在地產業，將廠商開發之現有載體、品項，重新賦予新意，即可搖身一變成為活動公關紀念品，不僅省去從頭開發之成本，還能少量多樣生產，活動結束後較無庫存壓力。再者，原商品本身就有一定的純熟度與品質保證，以此為基礎附加設計，易於快速衍生多元之相關品項。

　　例：由三義丫箱寶生產之台灣黑熊樟木雕刻，可設計為成雙一套，如讓兩隻熊相互擁抱，可作為愛情紀念品「熱情熊抱—台灣黑熊樂樟」的活動紀念品。

舊酒換新瓶，重新改良上市

　　在地樟樹優質成分已具口碑，但因欠缺整體設計配套行銷，導致賣相不佳或知名度不足之停滯現象。可挑選在地廠商所生產之樟木相關產品，配合活動改良及整體形象設計，不僅能夠提升好感度，

並能增加產值、獲得訂單機會，同時也能為苗栗重新打造工藝、傳產的優質產業復甦之路。

例：樟腦丸目前市面上大部分都作成圓形，如配合樟樹系列活動開發「樟葉形狀」樟腦片，包裝以香氛包形式，畫面採樟葉插畫詩篇，當能在感性面及行銷力上相輔相成。

生活新主張，開發日用新品

樟腦油是許多家庭的常備品，有抗菌、防蚊蟲、治蚊蟲咬傷的功效，但用量一向有限，銷售量也在各式競品的開發中逐漸邊緣化，若能為樟腦油業者與跨界業者搭建一個異業結盟的平台，在承襲傳統之下研發創新，則可將樟腦的老靈魂青春化，讓老祖宗的天然配方以全新面貌與世人相見。

例：結合專業香氛用品公司，研發親膚性的樟腦居家SPA精油、擴香、香氛蠟燭等，除了安撫現代高壓族群疲憊的身心靈，居家或公司的環境中，也能享受樟樹林芬多精森林浴的淨身，獲得內心平靜、提振精氣神。

量身接地氣，四鄉四特色

從詳細的田野調查中（第174至177頁表），我們一一為苗栗縣三義鄉、後龍鎮、公館鄉、苑裡鎮等四個標地，提煉代表該地方特色之在地文創商品，並共同以天工開物的「開物」為名，傳達開創新品的意象。

苗栗縣三義鄉	

主　　題 / **勝興開物－勝興車站鏡子磁吸座**

設計概念 / 勝興車站為三義觀光著名地標，以舊式車站站牌轉化，牌上結合縣鳥喜鵲、桐花及螢火蟲生態，以雷切烙印後，可移出變成磁鐵，在鏡子反射下，隨時成為三義時空遊俠。

功能用途 / 桌上旋轉鏡、鳥型磁吸

目標客層 / 上班族女性、觀光客層

商品文案 / **等待奇蹟**

有一種記憶漸漸淡忘，叫失去

有一種記憶終生難忘，叫失落

出生 1907 年的勝興車站

以海拔 402.326 公尺成為臺鐵最高站

她以客家婦女的硬頸精神

日夜守候行駛於崎嶇森林祕境的蒸汽火車大哥 90 年

直到舊山線停駛

彼此斷了音訊

孤伶的她每天遙望龍騰斷橋解愁

多情的花鳥蟲蟬有空就來陪伴

純情的她堅持以勝興站牌為標記

一心等待蒸氣大哥奇蹟似的穿越時空突然現身

就可彌補當年不告而別錯過相守一生的遺憾

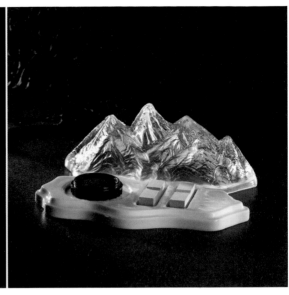

苗栗縣苑裡鎮	主　　題／	**諾炎開物－山脈印章印泥組**

設計概念／　苑裡的地標火山岩，結合一語雙關的「諾言」，
　　　　　　將之轉換成「諾炎」，開創放在桌上的山形擺飾，
　　　　　　山中內藏一對印章和一個紅印泥，是婚禮禮品，
　　　　　　也可作為辦公用印座，傳達信守承諾的人生修養。
　　　　　　山形座之山峰為透明座雕刻玻璃，落座為白瓷，
　　　　　　山峰玻璃罩打開，即呈現一對檜木印章及印泥盒。

功能用途／　桌上型印章、印泥收納組
目標客層／　國內外及企業界交流禮品、結婚贈禮
商品文案／　**山石盟**

　　　　　　脈脈相傳堅守好河山
　　　　　　是我們的傳家使命
　　　　　　千萬年前
　　　　　　我們就世居在三義鄉和苑裡鎮的交界
　　　　　　家族們歷經無以計數的地殼變動和再造
　　　　　　加上風雨雷電與烈陽淬鍊成塊塊嶙峋三角肌
　　　　　　緊密堆疊成貧賤不能移的仙峰傲骨
　　　　　　日光總喜歡將我們打扮得熱情如火
　　　　　　期待在人來人往中的驚鴻一瞥
　　　　　　為了向有緣旅人預約下一次的相遇
　　　　　　我們特別打造檜木為印、火焰為泥
　　　　　　心手相連
　　　　　　共同信守跨世代的承諾

<table>
<tr><td rowspan="6">苗栗縣公館鄉</td></tr>
</table>

主　　題 /	**棗茶開物－三代棗茶杯罐組**
設計概念 /	公館「紅棗」飄香，葉子探頭揮手，
	青棗生澀寒暄、紅棗熱情回應、熟棗醞釀傳奇，
	三代同堂共享幸福古棗味。
	木作扁形茶盤上雷雕「Miaoli 公館」字樣，
	木香搭棗香，四季饗宴天生絕配。
功能用途 /	紅棗收納罐及茶杯
目標客層 /	年輕品茗客、重視養生族群
商品文案 /	**棗到幸福知己**
	青澀的棗子想趕快長大
	每天與日出比誰早起
	想讓自己臉頰由微醺變成紅豔動人
	它們竊竊私語著如何補充能量精、氣、神
	才能從眾多棗子中雀屏中選
	每當出嫁時刻是她們最開心期待的日子
	於是在太陽見證下雀躍翻滾著完成儀式
	日光特別為她們烙下波浪起伏的永恆印記
	作為崇高受勳的榮耀加冕

苗栗縣後龍鎮

主　　題 / **山貝開物－貝殼精油皂盒組**

設計概念 / 在象徵貝化石形成的迷你化石中，敲開後，呈現貝殼皂形寶物，鋪陳尋寶的驚奇感，仿山形化石亦可作爲皂盒用。

功能用途 / 沐浴用肥皂及皂盒

目標客層 / 上班族女性、伴手禮市場

商品文案 / **心肝寶貝**

曾經與海共舞

曾經與沙翻滾

後來與山相依爲命數千年

當海風穿過身邊十億次後

長久演化成千年化石的我終能重見天日

當年曾經海誓山盟的承諾

已幻化成形

一顆顆紅、橙、黃、綠、紫的貝殼小天使們

分別從化石中蹦出

興奮地開始新世界中的奇幻之旅

貝殼是我們外在的遺傳因子

獨特的芬多精是我們的密碼

任何方式相遇都是我們前世今生的緣分

三義鄉 舊名三叉，台灣木雕王國，苗栗縣南端鄉鎮

文史調查	生態調查	自然調查	傳奇調查	民藝調查
古蹟廟宇、園林宗祠、博物館、名仕聞人、民間信仰、吉祥寓意、圖騰符碼	百年老樹、奇花異草、台灣原生動植物產、珍禽異獸、候鳥	山岳、海洋、河川、溪流、瀑布、奇石、礦脈、海蝕、濕地、沼澤	民間傳說、奇聞軼事、民俗醫療、稗官野史、俚語諺語、地理環境	陶瓷窯業、植物染、藍染、打鐵、採礦、製墨、製鼓、木雕、花獅、繪畫、雕塑、金工、拼布、編織、玩具、布袋戲、天燈
廟宇民間信仰 • 慈善宮〈天后宮〉 • 關聖宮 • 鳳龍山觀音寺 • 伯公兩	**農產** • 香茅、茶花 • 牛樟、檜木、子樟	**河川溪流** • 龍騰瀑布〈水載下瀑布〉 • 西湖溪、古稱打哪叭溪	**龍騰傳說** 龍騰舊名「魚藤坪」，相傳在先民開墾初時，鯉魚潭有鯉魚精苦害地方，鄉民苦不堪言。為了克制鯉魚精作怪，遂在龍騰山區遍植魚藤，同時，又將東面的高山改稱為關刀山，用意是藉關刀山斬魚、已毒殺鯉魚害，居民得以安居樂業。至台灣光復後，村民認為「魚藤」不雅而改名為龍騰。	**木雕** • 三義丫箱寶 • 木雕街〈水美街〉
古蹟園林宗祠 • 龍騰斷橋、舊山線〈鐵路藝術〉、紅磚塊和花崗石 • 勝興車站〈全木造無釘子〉 • 伯公坑信號場〈十六分驛〉 • 三義客家書院 • 挑柴古道〈位於銅鑼鄉與三義九華山之間，是昔日山、海線最常見資交流必經之處，而因昔日最常見因此又名挑柴古道。〉 • 等食亭 • 神雕村 • 水美木雕街 • 勝興老街	**珍禽異獸候鳥** • 藍鵲 • 石虎 • 貓頭鷹 • 蓋斑鬥魚 • 花鰍	**山岳** • 關刀山、山形雙背傾斜 • 九華山		**藍染** • 卓也小屋
	台灣原生動植物 • 螢火蟲 (4.6.7月) • 綠色賞螢步道 • 油桐花樹	**海洋** • 鯉魚潭水庫〈灌溉、防洪、發電、觀光〉		
博物館 • 三義木雕博物館 • 三義山板樵臉譜文化生活館 • 中華樟腦博物館 • 台灣藝術博物館	**名產** • 勝興軒老街檔案 • 九鼎軒客家米食 • 世奇精緻餅店〈年輪餅〉 • 檔索	**地理** • 典型丘陵地形，山多田少，平原占百分之十，餘為山地、丘陵		**陶瓷窯業** • 春田窯
		休閒觀光區域 • 西湖渡假村 • 天空之城 • 春田窯陶藝休閒渡假園區		

苑裡鎮　苗栗設台、蓬山八社、田園美如花園

文史調查	古蹟廟宇、園林宗祠、博物館、名仕聞人、民間信仰、圖騰寓意、吉祥寓意
生態調查	百年老樹、奇花異草、台灣原生動植物農產、珍禽異獸、候鳥
自然調查	山岳、海洋、河川、溪流、瀑布、奇石、礦脈、海蝕、濕地、沼澤
傳奇調查	民間傳說、奇聞軼事、民俗醫療、稗官野史、俚語諺語、地理堪輿
民藝調查	陶瓷窯業、植物染、藍染、打鐵、採礦、製墨、木雕、花燈、繪畫、雕塑、金工、拼布、編織、玩具、布袋戲、天燈

文史調查

廟宇、民間信仰	• 慈和宮（主神天上聖母）與順天宮為苑裡兩大信仰 • 伯公廟
古蹟、園林宗祠	• 東里家風百年古厝（紅磚建築及三合院） • 心雕居 • 蔡家古厝 • 苑裡老街 • 蔡家古厝（舖唐山石，窗戶用雲紋、古錢紋、水紋） • 山腳國小「日本宿舍」 • 東里家風一幢紅瓦紅磚的古厝三合院建築，是台灣少見的保存良好的古厝瓦與交趾陶建築紅磚瓦文物，已100年
博物館	• 蘭草文化館 • 灣麗磚瓦文物館

生態調查

農產	• 稻米（灣麗米、鴨耕米） • 山水稻米文物館 • 唯一特有的活水田
珍禽異獸	• 白鷺鷥保育區 • 台灣藍鵲
候鳥	
百年老樹	• 山柑老茄苳，位於苑裡山柑里，是一顆蒼勁翠綠的數百年老苳樹，底部的數十棵樹瘤是最大特色，是「山柑瘤」 • 百年龍柏樹，於東里家風百年古厝
台灣原生動植物	• 油菜花
名產	• 苑裡魚丸 • 垂坤肉鬆

自然調查

河川	• 大安溪 • 房裡溪
溪流	• 苑裡溪
山岳	火炎山是南北分界，以南晴空萬里、以北濃霧籠罩
海洋	• 觀光魚港 • 濱海藝文中心（橋、濱海生態）
地理	大安溪沖積影響，為難得之平原區
氣候	

傳奇調查

俚語諺語	「立冬、田頭空」立冬，播種油菜花滋補土地、待春到來。
人物	陳炯輝
原住民文化	• 排灣族 • 魯凱族文化 • 百步蛇圖騰

民藝調查

陶瓷窯業	• 磚窯工廠-金良興（全台唯一濕窯磚瓦文物館） • 華陶窯（以相思樹林為柴薪，遙望鐵砧山，俯瞰大安溪沖積扇平原、三合農院、大安溪石造景）
編織	• 藺草（藺編）特性柔軟韌性強、不易斷，吸水強除溼除臭） • 藺草文化館、藺草紙（紙織手工藝） • 見成帽蓆行（振發帽蓆行（販賣周邊）

公館鄉 酒甕之鄉、陶瓷之鄉、黃金小鎮

文史調查
古蹟廟宇、園林祠祠、博物館、名仕寨人、民間信仰、圖騰符碼、吉祥寓意

廟宇民間信仰	・寮下公館仙師廟 ・伯公廟（土地公廟之意） ・五穀宮
古蹟園林宗祠	・石圍牆（現今公館鄉石牆村的舊稱） ・震災紀念碑 ・礦坑吊橋
博物館	・苗栗陶瓷文物數位博物館 ・苗栗陶瓷博物館 ・台灣蠶業文化館 ・台灣油礦陳列館（位於出礦坑）

生態調查
百年老樹、奇花異草、台灣原生動植物農產、珍禽異獸、候鳥

農產	・稻穗（黃金小鎮） ・紅棗、芋頭、福菜及柿子為四大特色 ・紅棗季（七、八月） ・福菜（酸菜）、菜子做梅干菜（大醃缸）
珍禽異獸候鳥	・出礦坑油井—天然氣（近年發現生產中，預計可使用 20 年） ・油礦（台灣第一品油井，紀念碑）
百年老樹	・共生樹（樟樹和茄冬樹的枝枒相連，因底下為伯公廟，當地則稱之為神木）
台灣原生動植物	・阿勃勒（黃金小鎮）
名產	・紅棗　・水柿 ・芋頭　・柑橘 ・客家醃漬食品 ・豆腐乳

自然調查
山岳、海洋、河川、溪流、瀑布、奇石、礦脈、海蝕、濕地、沼澤

河川溪流	・後龍溪 ・大坑溪
山岳	・八角崠山脈 ・出礦坑
氣候	氣候屬於亞熱帶，溫和多雨，年平均溼度約 80%
地理	地形南北長、東西狹，東南山勢連接、山巒林立，海拔五百公尺左右；猶如屏障；山地與平原面積約半，該鄉是苗栗縣境內人口數最多與平原面積最大的鄉

傳奇調查
民間傳說、奇聞軼事、民俗醫療、稗官野史、俚語諺語、地理堪輿

黃金小鎮	黃金小鎮—夕照稻穗黃橙（阿勃勒花）橙時分，形成溶稱黃金雨俗稱黃金雨

民藝調查
陶瓷窯業、植物染、打鐵、採礦、製墨、木雕、花籠、繪畫、雕塑、金工、拼布、編織、玩具、布袋戲、天燈

陶瓷窯業	・蠶絲（台灣蠶業文化館） ・陶甕／手製陶器（早期生產公賣局的酒甕） ・稻草編織（日據時期，神聖避邪注連繩） ・漆器（日軍生活器具）
陶瓷窯業	・公館陶廠 ・窯陶窯（窯陶窯文化園區） ・陶色工坊 ・穀文化村
編織	・喜妹娜庄稻草紀念館（全台唯一的稻草編織廠）

後龍鎮 絕佳的海景風光、以農漁業為主

文史調查		生態調查		自然調查		傳奇調查		民藝調查	
古蹟廟宇宗祠、博物館、園林、民間信仰、名仕聞人、圖騰符碼、吉祥寓意		百年老樹、奇花異草、台灣原生動植物農產、珍禽異獸、候鳥		山岳、海洋、河川、溪流、瀑布、奇石、礦脈、海蝕、濕地、沼澤		民間傳說、奇聞軼事、民俗醫療、稗官野史、俚語、諺語、地理堪輿		陶瓷窯業、植物染、打鐵、採礦、製墨、製鼓、花雕、花獅、繪畫、雕塑、金工、拼布、編織、玩具、布袋戲、天燈	
廟宇、民間信仰	• 慈雲宮 • 媽靈宮 • 伯公廟	農產	• 西瓜重鎮（西瓜王國） • 後龍三寶（西瓜、花生、黑輪） • 甘諸 • 花椰菜 • 重要的稻米產區，最大的畜產品生產地。台梗9號、台南11號及台中192號為主要品種，生產面積達700公頃；畜產品以豬肉量最大宗	河川、溪流	• 後龍溪 • 西湖溪 • 中港溪 • 過港溪	俚語諺語	甘願做牛，毋驚無犁通拖（水牛城），比喻只要下定決心，不畏艱辛勞苦，認真努力，不怕沒事可做。	陶瓷窯業	「四方窯」是日劇時代引進台灣的西式黑窯，窯口呈「品」字型，又稱「品字窯」。
地景	• 豐富火車站 • 大山木造車站	珍禽異獸、候鳥	• 土雞	海洋	• 後龍好望角（21支風車、風力發電） • 龍港漁港 • 外埔漁港	鄉野傳奇	同興街曾是本鎮最繁榮地帶，是聞名的商業街與煙花巷，即所謂「番婆溝巷」。		
古蹟、園林、宗祠	• 大山木造車站 • 同興老街 • 謝瑞台宅 • 杜家古厝 • 鄭崇和墓 • 巴洛克陳家古厝	名產	• 黑輪伯（位於慈雲宮前） • 奇巧香餅舖（月亮餅）—手工 • 番薯餅	地理	• 主要地形為砂質丘陵，西邊靠近台灣海峽，處於後龍溪下游平原 • 灣瓦國姓蟳貝保育區 • 過港貝化石城、好望角＋貝化石層				
名仕聞人	鄭崇和墓—清代文人（二級古蹟）			休閒觀光區域	• 台灣水牛城 • 半天寮濱海休閒文化園區				

Part *6* 啟動台灣在地的地心引力
台灣各地的鄉鎮文創

文創正改變台灣各地的產業文化！結合台灣各地的產業，透過設計的發想過程，找到核心價值，賦予全新感受；將舊有、美好的在地生活，予以活化與改造。

透過包裝，注入創新的活力，結合上下游生產鏈的產業結構，賦予在地的關懷，創造出與時代結合的新潮。在地的生活記憶，創造品牌與商機，讓在地產業的文創產品，為自己發聲，用品牌述說屬於自己的故事。

桃園

桃園眷村文化節

以眷村逛大街概念，提起左鄰右舍串門「象棋包」

　　對許多住過眷村的人來說，眷村生活真是一段充滿艱辛卻又美好的回憶，四〇～五〇年代，為了養活一家大小，對每天從早工作到晚的眷村父母而言，休閒是難得的享受，當時眷村盛行的休閒活動，除了下下象棋、打打麻將，或是在樹下乘涼聊天外，三五票友聚在一塊票戲，或是夏夜伴著晚風坐在戶外觀看露天電影，也是主要娛樂之一。這個以眷村村民為對象的商品，選擇當時常見的休閒娛樂作為引子，穿針引線的帶領大家一同回味那個困苦中又帶點甜蜜的美好時代。

希望棋袋 ————

以簡單樸實的象棋包設計，反應眷村閒暇時的生活寫照，將早期眷村常見的胚布麵粉袋，結合代表軍人形象的軍綠色，互為正反；內袋暗藏著一盒復古式木刻象棋，讓年輕世代了解後，可以回味以前眷村伯伯媽媽們得空隨時下象棋的生活情趣。

　　設計主題以「棋袋」作為引子，除了讓民眾回憶當年的眷村生活外，同時也傳達桃園縣政府文化局對眷村文化的兩層心意，隱含著「期待」眷村的文化保存在桃園落地生根，讓後代子孫可以舊地重遊，重溫那個年代的眷村故事。另一層涵義則是希望透過每年眷村文化節的帶動，吸引全台各地對眷村情懷有興趣者，將眷村的文化與記憶如同臍帶供給養分般，源源不絕的傳遞給每個參與的民眾，讓台灣真正成為融合各種族群文化的包容聖地。

屏東

月琴遊唱系列 屏東遊唱詩人節

　　與遊唱詩人陳達一樣，成為現代遊唱詩人，就揹起一把月琴走天下吧！鎖定年輕人喜歡特立獨行，與眾不同的品味特質，將武俠世界揹著劍行俠仗義，遊蕩天下的俠義豪情，改以民謠音樂傳播為題，將自己化身為浪漫的遊唱詩人，吸引年輕族群回到民謠音樂的原生地——恆春，尋找台灣民謠的根，帶著專屬於自己的吟遊包、零錢包、行李牌，輕裝踏上採集民謠的尋根之旅。

月琴隨身零錢包、月琴行李牌、月琴吟遊包

苗栗

到三義訪遊「藝樹學院」森林之旅

上學去！

這個學校沒有課桌椅、沒有考試、沒有作業，

也沒有掃興的上課鐘，有的是滿山樹影搖曳、清風野鳥蟬鳴，

探索不完的特色生活風景，以及體驗不完的美學故事。

讓我們試著拋開層層束縛，背起樂活與逍遙的書包啟程，前往三義與通霄的林間小徑，在台灣藍鵲與領角鴞出沒的森林懷抱中忘情享受，展開雙臂觸摸感覺，重新找回赤子之心最初的感動。

幸福隨行－客家包巾

樸實柔軟的一方布巾，包裹了一座豐沛的森林；緊繫布結的手起手落，打開的是昔日客家的愛心餐食及生活物品；盤繞在頸間，就成了時下最酷炫的帥氣領巾；套在頭上再摺個束口，旋即變身成為單車族最愛的時尚頭巾；千變萬化的一只包袱巾，也是前人樸實自然、惜人惜物的生活哲學。

藝樹森林包巾，包裹了從三義到通霄的風景、人物、美食和故事，也包進了來自森林中滿滿的祝福。

澎湖

澎湖的山海之戀－「澎湖三妞」的故事

關於澎湖蒙面女郎的由來

　　澎湖婦女常年受到東北季風及豔陽的肆虐，為因應當地氣候，造就澎湖獨一無二的特殊造型——蒙面女郎。她們以頭戴斗笠包覆布巾的方式，徹底避免紫外線照射及強風刮襲，將整臉包覆僅露出炯炯有神的雙眼，在地婦女不論是荖宅耕作、海邊補網、潮間帶拾貝等，都在層層包裹下，耐熱勤奮工作，這就是澎湖婦女刻苦耐勞堅毅樸實的寫照。

蒙面三妞帶您宴饗澎湖

粉紅「俏妞」

為澎湖農產代言的「粉紅俏妞」，充滿朝氣的將澎湖縣花——天人菊妝飾在頭上，手拿著澎湖絲瓜特產（又名稜角絲瓜），展現其為代言人的驕傲自信。

金黃「陽妞」

象徵澎湖艷陽高照的「金黃陽妞」，頭頂陽傘搭配摩登的太陽眼鏡，手裡捧著剛從潮間帶撿來的黃金貝。來澎湖一定要前往潮間帶尋寶，跟著陽妞一起隨手撿貝踏浪去！

水藍「海妞」

為澎湖海洋代言的「水藍海妞」，彷彿將波浪穿戴在身上般，展現夏日清涼的海洋魅力。手捧著澎湖每年五月至九月豐收的小管，在海妞的陪伴下體驗夜釣小管的樂趣！

澎湖縣花——天人菊的綻放姿態，粉紅俏妞的頂上裝飾與之呼應，展現澎湖在地特色

包裝說明

蒙面三妞應用蒙面女郎的生活採集提籃形象，採用仿編籃式的影像作為精緻禮盒，盒蓋上設計仿木刻版畫式的貼紙，將蒙面女郎的樸質勤奮展露無遺。盒內採用高密度泡棉軋型，將三妞一一妥善保護，並附上蒙面三妞的身世小卡，讓無論是收藏者或是收禮者，皆能完整了解澎湖特有的人文風俗之趣。

「案上風情」錠鉤嶼

珍貴的世界遺產—澎湖玄武岩

玄武岩是澎湖的特色，陪伴海洋歷經時間焠鍊的壯麗玄武岩，曾被聯合國教科文組織世界遺產委員會譽為世界罕見景觀，2002年獲文建會提報為世界遺產潛力景點之一。

自然保留區的錠鉤嶼玄武岩

因為神似船錨外型，所以有「錠鉤」之稱，經過時間的催化，四周海崖柱在風化與海蝕兩大自然雕刻家的合作下，讓這裡充滿鬼斧神工的氣勢，漸漸形成天然奇景「一線天」。錠鉤嶼附近暗礁密佈、海流湍急，所以人煙罕至，每年5至9月燕鷗候鳥紛紛棲息於此，已成為愛鳥人士的賞鳥新樂園。

三合一的玄武岩工藝設計

玄武岩屬非再生性資源，一但遭受破壞便無法復原，復刻縮小版的錠鉤嶼其中精華段，取其凹凸節理變身為筆架及文鎮雙功能禮品，創造桌面話題豐富的迷你新風景。

包裝設計概念沿用玄武岩質地的延伸，採用仿「西嶼大池火山頸」玄武岩的紋理影像裱褙禮盒，盒內採用高密度泡棉軋型，將筆架文鎮鑲嵌入內做完善的保護，上下盒以彈性繩繫上，再串上身世小卡，將案上風情的故事一一細數，讓收禮者在文字圖像的引導中了解澎湖特色，並親眼見證了這縮小版的美麗奇蹟！不但禮重情意也重。

馬祖 馬祖的信仰與神話

　　東犬燈塔在修護完成的開放時刻，需要提供一個代表性的紀念物，作為參與貴賓的小禮品。

　　在預算、數量及時效範圍內，雀屏中選的是這款以燈塔為原型設計的小巧胸飾項鍊，塔身砌磚轉化成以東犬的英文簡寫「E」字結合中文「犬」字的符碼，燈塔的照明位置則鑲上一顆施華洛世奇水晶，因此取名字為東施盟約。

等待一百年的「東施盟約」

這是一場跨世紀的美麗邂逅，建造於西元 1872 年的東犬燈塔，

經由 Miss SWAROVSKI 水晶的跨界相伴後，

終於在 2008 年修成正果。

風大使特別為她穿上白雲浪花的蕾絲禮服，

純白防風緞長裙襬綿延百尺，

站在至高的天崖岩磐上，潮音號角緩緩響起，

海浪與海岸交織著祝福的樂章，

2008 年 6 月 14 日這天，

東犬先生與施華洛世奇小姐共同訂下盟約，

在藍天蒼穹的見證下，日以繼夜為東莒海岸綻放永恆之光。

男女皆宜的東施盟約項鍊胸飾

「媽祖在馬祖」的隨身庇佑

LOGO 形塑

Ma Zu 的 M 字頭巧妙呈現媽祖頭像，身形以黃、橘、藍、綠四色形塑，除了帶出馬祖南竿、北竿、東引、莒光四島匯集意象，也描繪出媽祖傳統莊嚴姿態中的親和力。腳下加入祥雲與海浪意象，意謂媽祖是天上聖母，同時也是航海人的守護神。

未卜先知－擲筊零錢包
獨報平安－祈福蠟燭
神來之筆－上上籤筆

2008 Mazu in Matsu
媽祖在馬祖

護身密碼 兵籍號碼牌

貴為國防第一陣線的馬祖，雖說已解除戰地政務多年，但提起馬祖好風光仍不能免俗的大話英雄魂，迷彩軍裝更是戰地精神表徵；個性護身項鍊巧妙運用兩片一組的兵籍號碼牌，並分別採用打凸及雷雕的方式呈現，將媽祖意象的「Mazu always to bless you」祈福字句，結合馬祖特色自然人文等英文單字符碼，在兩片合組後，立即呈現 Matsu 密碼文字，符合時下年輕人流行的護身飾品。

馬祖報紙包

貴為國防第一陣線的馬祖，雖說已解除戰地政務多年，但馬祖日報仍占有重要印記，我們特以馬祖日報半版大小為基準，採用不織布環保材質製作，呼應綠色主張重複使用的環保議題，正反結合媽祖昇天祭的頭條版面，除了為此盛大慶典活動大肆宣傳外，也讓馬祖風情成為移動帶原者，背在肩上好像有昔日將報紙夾在腋下般的往事重現。

 護身密碼—兵籍號碼牌　　　　　 馬祖報紙包

「風燈」亮元宵

　　我們針對馬祖地區特色文化之一的「風燈」進行文創商品的設計與考量，其緣由在於「風燈」早期是由出海捕魚的漁民，為了向家人報平安而釋放消息的一種方式。而這樣的「報平安」，僅有在馬祖地區才可見到，但因時代的進步，通訊系統取代了風燈原有的功能，使得風燈逐漸消失，或是轉換成為別種方式出現。但無論如何轉換，風燈一直是屬於馬祖地區特有的文化產物，且其意涵更具故事性，因此，我們利用「風燈」這項文化元素，進行商品的開發與設計，期望可以將該商品之設計理念、發想方式、過程等做為未來文創中心成立後，輔導在地各項特色元素轉換成商品的最佳範例。

打造「神話之鳥」的時尚風潮

貴為國防第一陣線的馬祖，雖說已解除戰地政務多年，但提起馬祖位於台灣海峽西北方的一群島嶼，彷彿是上天灑在閩江口的一串珍珠，擁有蔚藍的海洋、美麗的沙灘及花崗岩的奇幻地景，形成馬祖列島氣勢磅礴的自然景觀。而這鬼斧神工、天然孕育成的自然環境，造就馬祖列島成為國防戰備的重要陣地。在陽剛迷彩底下的馬祖，亦有宛如希臘地中海般的柔媚風情，冬夏季風對流交替下帶來豐富的漁產資源，候鳥燕鷗棲息繁衍更為我們上了重要的保育課程。為慶賀馬祖國家風景區的 10 周年紀念，特以神話之鳥—黑嘴端鳳頭燕鷗的形象，與大家一同分享屬於馬祖的浪漫遊情。

馬祖風燈 USB 開發

展翅高飛 / 燕鷗變色杯

在馬祖發現瀕臨絕種的神話之鳥－黑嘴端鳳頭燕鷗，是再慶幸也不過的事了，每年更是吸引大批的賞鳥人士前來觀賞，這只湛藍杯身上浮現的數隻白色燕鷗翱翔之姿，在倒入熱水後的瞬間，有如魔幻般的百鷗展翅齊飛景象令人驚嘆！

馬祖遊俠 / 燕鷗百變頭巾

展翅高飛的燕鷗們錯落交織成一片蔚藍的迷彩天空，隨手綁成俐落的海盜帽頭巾，不但提供節能省碳的單車族們止汗功能，又可變化各式造型，成為時尚的魔幻遊俠。

海闊天空 / 時尚 T 恤

本是在天際翱翔的燕鷗，化為敞開心胸的引導使者，自由的在胸前飛翔，為忙碌緊張的生活，帶來心曠神怡的悠閒。除了象徵神話之鳥飛入我們的生活之外，也藉由瀕臨絕種的黑嘴端鳳頭燕鷗翱翔之姿，喚起生態保育的重要性。

「北境之藏・溫情海島」乾一杯

　　馬祖早期是海盜出沒之地，傳說他們掠奪漁民珠寶財物，藏在島上岬灣深處，迄今無人發現。我們設計這款在深色大海中的馬克杯，提供溫熱的馬祖老酒倒入後，尋寶地圖漸漸清析顯影，藉微醺中以直覺尋找傳說中的寶藏。

　　馬祖老酒是黃酒的一種，以糯米浸泡、蒸煮、落罈，加上紅麴發酵，只要三十天就可出酒。因為馬祖居民靠海而居，生存以出海捕魚為主，為了讓出外捕魚的家人不畏寒風的襲擊，家中的婦人或年長者會親自釀造老酒，讓他們可以藉此溫暖身軀，也就形成當地每戶人家都會釀造老酒的技能，直到今日老酒成為當地具代表性的特色之一。

台北

幸福專案小禮

　　對人民的好要如何表達，的確是門大學問，以臺北市政府爲例，有一個專司對轄下民眾傳遞關懷的機關——臺北市民政局，每年都會透過區、里、鄰長，及戶政單位所屬範圍內之民眾，在出生、遷入、結婚、離婚、死亡等五大人生面臨的重要階段，餽贈一份小禮，表達臺北市政府在人民生老病死等人生必然會面對的重要時刻，給予及時的溫暖與關懷。

　　這個方案最容易且設計師喜歡的主題，一定是針對出生嬰兒、結婚喜事及遷入台北市的對象來設計方案，因爲都是正面的人生好事，而面對如何以一份禮來安慰離婚雙方及往生者的家屬，才是最難的課題，尤其對沒有經歷過的大多數年輕的設計師而言，他們如何將心比心，做出符合目標客層欣然接受，並站在民政局官員角度認可的小禮品，加上量產交貨期程及預算控管等，小小的 5 種禮品及 5 個對應的手提袋設計，還眞是項一大挑戰。

　　以下就是經由幾個提案，反覆修正調整最後落實、並一一送到目標對象手中，而沒有被異議的「安全式」皆大歡喜設計。

遷入篇／歡迎入席 Welcome

歡喜作伴湯叉組

我們以 24 小時不打烊的貼心服務，搭配無線暢通的網路天空，讓您隨時隨地與全世界接軌，歡迎您加入屬於國際城市的台北。

用笑口常開的湯匙與叉子，象徵遷入台北市將帶給新市民快意人生，民政局將歡笑送給新住戶，讓他們在遷居台北的第一時間就可以感受到我們的歡迎之意。

運用抽象的插畫表現，將愉悅起舞的媽媽帶著一家大小與家當，一起舞向台北定居，傳達定居台北將是件幸福愉快的開始。

結婚篇／遇見幸福 Wedding

心墊感應甜蜜多功能墊

耐熱度高達 70~80℃，可隨時變身為家庭生活中的各式幫手，如：用餐時的個人小餐墊、工作時的滑鼠墊、室內布置使用的盆栽或花瓶襯墊……等，多變的使用方式，讓生活充滿樂趣，開開心心邁向美麗新人生，臺北市政府為您獻上甜蜜的幸福進行曲，分享生命中的每一刻！隨時感受來自民政局的關懷與祝福。

可愛逗趣的插畫帶出新婚夫妻滿滿的喜悅，讓收受對象感受到來自市府的真心祝福。

出生篇／成長喜悅 Born Free

成長對襪

一籃象徵滿月的紅蛋禮，打開後正是兩雙花朵成長的幼兒襪，祝福出生嬰兒在快樂健康中幸福成長。

邁開成長的第一步，寶貝的誕生，是一輩子最甜蜜的負荷，民政局與您一起迎接初生的喜悅。

運用母親為寶寶慶生的概念，以輕鬆的插畫筆觸將媽媽與寶寶間密不可分的親密苛護溫暖呈現，傳達市府慰勞母親的辛勞與慶賀新生的喜悅。

離婚篇／自由重生 Freedom

幸福使者

再度回復一個人的孤獨，此時表情逗趣的魔蛋娃娃，既可撫慰寂寞心靈，又可經過加水數小時後，從頭上長出茂密的綠幼苗，並可依自己的心情，加以修剪出各式逗趣造型，提振單身好心情，若要長期栽培，可將整顆蛋植至小盆栽內。

象徵單身後隨心所欲，自由自在展翼高飛，為自己重新定位新方向，繁花過後，迎向初升的朝陽。

畫面中分別以拿傘的女人及拿球杆的男人呼應各有自己的興趣及目標，傘也有分開的隱喻，運用蒲公英自由自在各奔東西的意象，鼓勵市民積極邁向新人生。

死亡篇／生命力量 Life Power

溫馨回憶相框

選擇將已經離我們而去的親人，放在心中最重要的角落，讓溫馨的回憶，陪伴尚在人世的親人，邁向充滿希望的未來人生。

讓我們陪您渡過這不捨的一刻，舞台的幕雖謝，但精神卻永續長存，緊緊擁抱您─展開新生命之歌。以充滿清新的綠意象徵生生不息的生命之河，騎著單車的男孩，彷彿揮手向過世的親人說再見，沿途綻放的向日葵，就像是迎向陽光及希望的使者，在遠處綻放著鼓勵市民勇敢的迎向未來人生。

花語傳情‧綻放幸福

對人民的好要如何表達，的確是門大學問，以臺北市政府為例，有一林立的高樓大廈、來來往往的穿梭人潮、車水馬龍的熱鬧街景，總是台北給人的第一印象。身為台灣第一大城，除了網羅來自四面八方的異鄉遊子，在政治、經濟、交通、建設…等皆有亮眼的成績；但隨著科技的發達加速了城市的化學作用，網路與電信的虛擬空間，取代了親切的問候與微笑；緊繃且忙碌的都市生活、汲汲營營的人生目標，幾乎陌化了人情溫度。

為了暖化都市叢林的冷漠，臺北市政府民政局結合市長白皮書─服務型政府的概念，推出「幸福＋專案─非常服務」計劃，針對結婚、出生、死亡、離婚、遷入等五大戶政要項，透過主題禮袋的發送，從最基層的鄰里關懷做起，傳遞最溫暖的愛。有鑑於此，我們特別規劃系列提袋設計，以隱含祝福語彙的花語概念為出發，運用不同視覺表現手法，將大自然中最易打動人心的花朵生命力，作為傳遞幸福的代言人，藉由盛開的花朵呼應不同的生命過程，除了希望能帶給台北市民更多的祝福與關懷，更期望將這份熱情延伸生活到各個角落，凝聚幸福的力量。

民政局 幸福專案禮袋

普普生活家系列

當年適逢普普藝術大師安迪沃荷逝世 20 週年紀念，隨著世界巡迴展的大量宣傳與曝光，普普藝術再度掀起一波時尚風潮！誇張、高明度的對比色彩，反覆的幾何拼貼，反映出時下最通俗、最受歡迎的流行藝術。此款提袋運用普普強烈且鮮明的藝術印象為延伸，打破花朵柔情嬌媚的傳統形式，透過普普風格全新綻放，在格狀排列的虛實色塊中，展現陽光台北城的年輕活力，讓每位市民在重要人生時刻收到生活提袋的同時，不但可以深刻感受到民政局新穎的問候與祝福，更有如提著一幅安迪沃荷的畫作上街，將藝術導入生活、讓色彩繽紛城市，為台北市傳遞幸福與活力。

採用透明 PVC 為提袋材質，因應春、夏的萬象更新及輕巧涼爽意象，與服裝搭配時更能相得益彰。

在設計上，鮮明的圖像與透明材質所產生的穿透虛實感，正如春夏季間沾滿晨露的盛開花朵，令人心曠神怡。此材質擁有防水特性，可擦拭清洗，使用壽命長，平日可用來裝載隨身物品，兼具實用與時尚雙重好感。

古典新時尚系列

印著大紅牡丹的傳統印花布，是三、四年級生的共同回憶，是嬰兒時期的襁褓背巾、是結婚時的鴛鴦花被、是提袋未上市前的簡單包袱、是台灣特有的色彩美學。此款系列提袋設計，運用印傳統花布上的表現手法，以線條勾勒出各式花朵的美麗姿態與光影空間的微妙變化，加上清爽活潑的色彩搭配，彷彿將花朵綻放最美的瞬間凝結，令人愛不釋手。打造雅緻時尚的年度提袋，除了時時提醒大家珍惜人生中每一段重要時刻，更象徵民政局與年輕世代觀念接軌的行動力。

鐳射無紡布的特色，在於不同角度的光線折射中，產生的現代質感，類似帷幕牆大樓反射出的鏡面效果。當視角隨著不同色澤與光線產生變化時，花朵在光影折射中呈現綻放如陽光照拂般的美麗姿態，將為黑色秋冬季節的沉悶印象提振好心情，傳遞幸福燦爛之光。此材質輕巧方便，可折疊收納重複使用，為流行兼具實用的環保提袋。

提袋規劃

尺　寸：
長 25cm× 高 28cm× 寬 10cm

材質設定：
特別規劃兩種材質，分別區隔上半年度與下半年度，讓全年提袋充滿豐富的變化及新鮮感。

「花語傳情」提袋主題設定

寶貝篇／蝴蝶蘭、海芋

迎接小寶寶的出生，是每對父母殷殷期盼下的生命喜悅，以象徵幸福的蝴蝶蘭，以及花瓣擁抱的海芋來詮釋，是迎接新生命降臨最美的祝福，也期盼每個寶寶在陽光的洗禮下，健康快樂的成長。

綜合篇／康乃馨、蝴蝶蘭

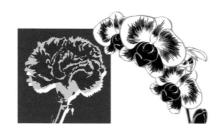

人生中有喜有悲是為歷練，中性篇提袋為離婚、死亡、遷入的綜合代表，以象徵滿載親情的母愛之花－康乃馨，及台灣代表花卉－蝴蝶蘭作為主題花卉，除了對遷入的新市民表達衷心的歡迎與祝福外，對選擇新生活的市民們期許智慧以對，在懷念親人的同時保重自己並關心身旁的人。

牽手篇／百合花、繡球花

牽手篇為贈送給登記結婚新人們的祝福禮袋，以象徵「百年好合」的百合花與「祈求幸福」的繡球花，分別作為上下年度的設計主題，象徵牽手一世情的婚禮祝福。

台灣地區

遇見台灣蝴蝶蘭

蝴蝶蘭原產於蘭嶼，1879 年被發現，1974 年在國際蘭展大放光采，因學名 amiable 發音近似，而被稱為「台灣阿媽」。

今日原生的蝴蝶蘭已相當罕見，但台灣藉它享有「蝴蝶蘭王國」的美譽，率領台灣花卉享譽國際市場。期待「休閒農業創意」得主，在各自努力的領域中，都如「台灣阿媽」般的瑰麗綻放。

以充滿詩意的「遇見台灣蝴蝶蘭」作為文宣品的 slogan，結合優雅的蝴蝶蘭專屬 logo，建立台灣蝴蝶蘭統一對外宣傳的形象。

本案以創新的宣傳手法，為文宣品增加附加價值與功能，將一般的 DM 制式行銷，打造成禮物的形象及質感，看似小禮品，但暗藏蝴蝶蘭的宣傳，吸引買家主動聯絡，並循線連結台灣蝴蝶蘭網站。此一系列塑造精緻化的文宣設計，有萬用卡 6 張一套，台灣阿媽蝴蝶蘭手搖扇、暗藏文宣小內袋的滑鼠墊、夾在飛航雜誌上的蝴蝶蘭書籤筆等，樣樣成效皆超越傳統為行銷而行銷的宣傳形式，開創台灣蝴蝶蘭在國際能見度上的空前的影響力。

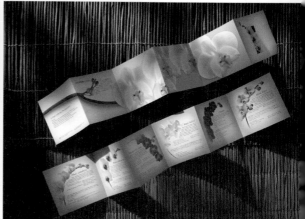

臺鐵古物再生文創

「鐵不出軌」愛情文鎮

　　台灣在日據時期的舊鐵軌早已不合時宜，臺鐵多年來一一更新軌道。除役後的老舊鐵軌如何再生，是窮則生變的超級任務。很少人會發現鐵軌的斷面像英文字母的 I 字，我們以水刀切割成片狀，上面鐳雕臺鐵 LOGO 及鐵不出軌的字樣，站立在類紫晶的平台上，象徵男女雙方對彼此信守承諾的信物。

臺灣鐵路局 - 民國一百年七夕情人節再生商品開創

主題 / 鐵不出軌愛情文鎮

說　　明 / 經常被喻為愛情的巧克力，只融你口不融你手的甜蜜愛情象徵，往往使熱戀中的情侶更加親密，因此本款設計，便以甜蜜商品──巧克力外盒的設計概念為發想，將愛情文鎮妝扮成巧克力形象，象徵對方的真心與真意就像鐵軌一樣絕不融化、也絕不出軌。

產品故事 / 年輕時，軌道是消失盡頭的青春線；

　　　　　工作後，軌道是成功打拚的事業線；

　　　　　戀愛時，軌道是繫住兩端的感情線；

　　　　　結婚後，軌道是人生轉折的生命線；

　　　　　平行線的軌道，總在遠處默默，

　　　　　承受冰冷孤寂，而在暗中促成人間溫暖，

　　　　　陪伴我們直到天長地久，百年不變的幸福相隨

　　　　　I Love You , Forever......

鋼軌說明 / 在台灣鐵道發展的歷程中，曾經使用五種基本類型的鋼軌，分別為 22 kg /m、30 kg /m、37 kg /m、50 kg /m 和 60 kg /m。本文鎮係由臺鐵 22 kg /m 舊鋼軌切片製成，此為日治時期鋪設於軌距 0.762m 之台東線鐵路（今花東線，現已拆換）。

以鐵軌衍生「鐵不出軌」的忠貞情愛意涵，
打造 2011 年情人節開賣即秒殺的幸福禮品

「鐵定成功」破冰達陣

臺灣鐵路局—道釘加值文創再生設計

創意起源

近年來臺鐵局積極的改變以往傳統既定形象，不斷的從各種角度上力求變化與創新，從交通營運上的乘客便利性（臺鐵捷運化），到地方節慶行銷的搭配（臺鐵遊輪式列車），皆是為其創造新客源的方式之一。但這些都僅只是臺鐵在原有經營核心上做的轉換，並無法創造更多的潛在消費者。

因此，在這兩年臺鐵局成立的創意小組，積極將臺鐵獨有的元素轉換成可被收藏、購買的商品，創造新的消費市場與消費族群。當中成效顯而易見的案例有：99 年臺鐵迴力車的熱賣以及 100 年 2 月 14 日所販售情人節愛情文鎮，皆創造出可觀的效益與注目。

未來，臺鐵將發揮百年老店的絕佳優勢，不斷的將百年鐵路文化、元素、故事結合現今的創意手法，當可創造出令人驚豔的文化創意商品，更要將既有的文物與無形的元素結合賦予新的生命。

有鑒於臺鐵局推出以日治時代的鐵軌為創意愛情禮品之發想，取之為「鐵不出軌」情人節限定商品，以及農曆七夕情人節等創意商品，皆創造了明顯的熱銷效益。因此臺鐵局再次以廢棄的「道釘」作為專屬創意載體的發想。

道釘為鐵軌固定於枕木的重要扣件，因此也支持了鐵軌可以穩定負重的力量，另外無論外在環境如何的震盪與風吹雨淋，「道釘」始終堅守著崗位，維繫著百萬乘客的安全與幸福。

因此，對臺鐵來說，如何利用產品過往的實務功能，轉換成故事性與特殊情感體驗的聯想，搭配臺鐵獨有的專屬文物與經營核心能力再次創造令人耳目一新的商品與話題，且不以老調重彈的商品做為永續經營的管道，將是「鐵定成功」的商品設計最大的賣點。

發想緣由　　　　　執行方向　　　　　預期效益

硬型態文化的轉換

堅釘成功的軌跡

供銷體系的完整　　→　突破性創新商品的開發

臺鐵獨有元素

臺鐵舊形象轉換

臺鐵年輕化的轉型

新消費族群的認同

臺鐵迷的新選擇

企業形象提升的附加價值

創意發想／
型塑道釘具有「千錘百鍊」、「剛正不阿」
「犀利聰穎」的優值 DNA，首先找出道釘
的核心價值：

道釘雖然只是鐵道工程裡的小配件
但卻是維繫著一種『責任』
以及捨我其誰『擔當』的使命
它堅實的鋼材歷經千錘百煉
呈現出剛直與自信
堅持與使命
以這樣的概念來呈現道釘的特質
傳達信任與堅強的意志力
營造出破冰達陣與鐵定成功的信念
提升擁有者的正面能量
讓道釘除役後重生
成為各種階層背景人士
成功達陣的精神象徵

千錘百鍊剛正不阿犀利聰穎

**破冰達陣
鐵定成功**

破冰達陣
學業、考試→成績突破大躍進
愛情、友情→感情升溫大解凍
事業、仕途→登峰造極大道行
股票、基金→扶搖直上大喝采

道釘座設計

主題 / 破冰達陣

材質 / 冰山造型玻璃

說明 / 道釘從鐵道除役後，其剛毅之傲骨精神不變，我們特將它再形塑成「冰鑿」，從陸地步步登高至山巔，以破冰之姿開創新願景，並象徵人們對臺灣鐵道幕後英雄的加冕儀式。經除鏽、防鏽後的道釘，以重返青春的 Power，鑿入象徵冰山的玻璃山壁中，除了是案上充滿力與美的擺件、文鎮外，更可依據各種需求在「破冰成功」的主軸之下，創造多元的送禮商機及發酵話題。

主題 / **鐵定成功‧綻放光明**

說明 / 「五〇年代當火車汽笛響起，站長站在火車頭旁，手提油燈向駕駛及乘客示意啓程。」這一幕成爲我們記憶中的永恆。

道釘加值包裝禮盒
主題／鐵定成功‧綻放光明

整體包裝／
玻璃道釘座、錦囊袋、油燈外盒

採用當年油燈的形制，將內包裝以鐵軌意象的直條紋舖棉縫製成錦囊袋，中央結合圓形透明軟材形成一盞明燈狀，並在束口處以硬紗質布展現綻放及禮物之氛圍。

外包裝再以一只油燈影像，結合鐵製提把，恍若當年火車站長現身。亮燈處出現「鐵定成功」四字，傳達給擁有者好事降臨、充滿希望的欣喜感，成功地將藏身一世紀的鐵路道釘，重現光明。

錦囊內包裝的硬紗花形，穿過外包裝上蓋的圓洞效果，在油燈上展姿，巧妙地將內外包裝相扣，一方面展現綻放光芒的意象，另外也象徵道釘穿越時空來到嶄新時代現身說法。

產品文案／

我出生於鋼鐵世家，

DNA 中遺傳了剛毅與堅忍的雙螺旋。

從 1887 年迄今，

我們兄弟們一一分散於基隆站 0 公里標附近，

爲了任重道遠的使命，

我們靠鐵軌聯繫著彼此的關懷，

靠行駛的火車傳遞思念的問候。

在地層下渡過千百個晝夜後，今天終於重見光明，

我們洗清塵垢換上新裝，

結伴邁向另一段人生之旅，

在冰山制高點上，

兄弟們攜手攻頂，

並爲「破冰達陣」齊聲喝采，

迎向未來「鐵定成功」的新里程！

道釘解說
學名：鈎頭道釘
材質：SS 鋼料
服役年份：1887〈光緒 13 年〉
除役年份：2010 年
服役區域：基隆車站 0 公里 　　　　　標起 200 公尺範圍內
功能：確保防止鋼軌移動， 　　　緩衝車輛的衝擊與震動， 　　　以減少枕木的損傷。

Spiked Success

I was born into a steel family, and my DNA inherits
The double helix of fortitude and perseverance.
Since 1887, my brothers and I have been scattered
around the 0 kilometer sign at Keelung Station.
For shouldering the heavy responsibility,
Our concerns are only connected by the rails and
Longing greetings are being sent by running trains.
After thousands of days and nights under the ground,
We are finally brought to light.
Washing away the dirt with new clothing,
We get together toward another life journey.
On the peak of an iceberg,
We reach the summit hand in hand,
Cheer for the "ice-breaking arrival"
And proceed with the new journey of

"Spiked Success"!

鐵定成功

我出生於鋼鐵世家，
DNA中遺傳了剛毅與堅忍的雙螺旋。
從1887年迄今，
我們兄弟們一一分散於基隆站0公里標附近，
為了任重道遠的使命，
我們靠鐵軌聯繫著彼此的關懷，
靠行駛的火車傳遞思念的問候。
在地層下渡過千百個晝夜後，
今天終於重見光明，
我們洗清塵垢換上新裝，
結伴邁向另一段人生之旅，
在冰山制高點上，
兄弟們攜手攻頂，
並為「破冰達陣」齊聲喝采，

迎向未來「鐵定成功」的新里程！

Part 7 啟動大陸各地的地心引力
大陸地區的主題文創

中國大陸文創產業產值將以每年 20％的速度增長。各地政府的文化產業園區如雨後春筍般出現。兩岸同屬擁有五千年歷史的中華文化圈，對於文創產業的發展將有廣泛合作的契機。

在文創產業方面，台灣具有語言及文化相容優勢，能迅速掌握中國大陸市場動態。我們擁有充沛的人才與創意，社會開放與自由，中國大陸則擁有廣大的市場與充裕的資金，文創產業上實在也太多可以互補雙贏的地方。

西安曲江地區財神園區

有明堂

來自西安曲江財神趙公明傳奇的「有明堂」，是根據財神爺趙公明葬於此地，而開發打造的主題旅遊景區。

品牌命名

結合俗語「有名堂」之諧音，開放了有明堂的品牌想像空間：有創意、有趣味、有文化、有玄機，傳達有明堂的探索玩味。此外，有明堂的「明」，取自武財神趙天君的名字「趙公明」，相傳趙天君能驅邪斬妖，除瘟剪虐，催財進寶。他一手執金鞭，一手捧聚寶盆，是道教中的大尊財神。因此，有明堂期望邀請人們一起分享武財神的滾滾財運，匯聚滿滿的福氣。「明」亦有光明、通透、吉祥……等意含，象徵有明堂的光明大氣以及創新格局。

品牌「有明堂」致力於打造中國第一家國際級祈福禮品大店，開創中國旅遊紀念品店的新紀元。在此概念之下，2011 年坐落於中國西安樓觀景區的趙公明財神廟文化園區恢宏落成；同年 7 月，位於園區內的有明堂首家旗艦店正式開張。

有明堂以武財神趙天君的信仰為經，以發揚中華傳統人文精神為緯；以親切，帶給人們驚喜的種種趣味祈福商品，完美體現財神信仰的文化內涵；在仔細品味把玩商品的過程裡，潛移默化將民間值得保存的求財習俗永續傳承；各式帶有東方財神意念的禮贈品，更將中國傳統的財神文化之美推向國際。

有明堂秉著注重財神文化傳承的新思維，為旅遊紀念品業開展國際新視野，並以嶄新的創意設計活水，帶給顧客生活中有趣的話題與驚喜。最終有明堂期望成為人們心靈安定的力量，心滿意足的生活新境界。

Slogan 心想事成有貴人，召之即來有明堂

品牌願景

　　未來，有明堂將持續深耕中國的文化核心，開發更多文化創意產品。形塑有明堂成為一個醞釀人文氣息的感性空間和培育文創商品的創意多寶閣，無論闔家老少、商務遊客、民間信仰、外籍朋友、學術領域，皆能在有明堂如獲至寶。

北路財神
利市天尊

西路財神
納珍天尊

中路財神
小公明
坐騎 小黑虎

東路財神
招寶天尊

南路財神
招財天尊

小公明與小黑虎的誕生

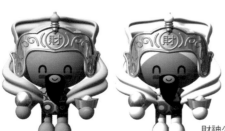

財神公仔－小公明與小黑虎的 **3D** 模擬圖

財神主題的財富文創

原創商品開發

「虎福含金袋」零錢收納包 ———
黑虎將軍一方面以活潑親切的風格
張大嘴巴廣納財源，同時又守口如
瓶，協助使用者累積財富。

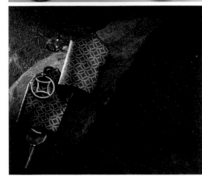

「錢進大門」出入鑰匙包 ———
將鑰匙鍊的一頭連接至財富，彷彿
無論打開哪一扇門，都能夠錢進美
好未來。

「光陰似寶」時光金沙漏 ———
將錢幣結合沙漏造型，強調「時間
就是金錢」的重要性，隨著罐中的
椒鹽流逝，提醒人們切勿虛度光陰。

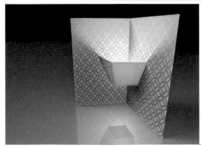

「招財卡卡」財源發光卡 ———
看似無奇的卡片，一打開，即有「金
幣輝煌」的驚喜，卡片以五路錢紋
鋪陳，中間運用立體 LED 建置的
元寶，給來新鮮的立體光卡。

「金湯現身」天圓地方杯
茶杯上視圖像為一枚古錢幣,將茶葉放入茶杯中央的空間,讓金黃色的茶湯均勻地從方形四周小孔洞流出,在享好茶的同時,也能感受含著金湯的富裕人生。

「熱錢滾滾來」遇熱變色杯
看似平靜的錢紋轉動圖騰杯,在經過加溫醞釀後,立即湧現出金碧輝煌的美麗,傳達「財在眼錢」之期盼。

「光陰似金」時鐘存錢筒
延續「時間就是金錢」之概念,在分秒皆寶貴的日子裡,不斷累積所得、在增加財富中,藉以傳達人生哲理。

「商機鼎立」隨身碟
將古錢幣與現代科技結合,引入「知識就是財富」之構想,以布錢造型呈現,讓資訊用品與復古風格完美呈現。(2G.4G.8G)

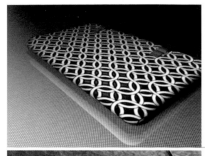

「錢滾錢」時尚電腦包
將充滿錢紋圖騰結合電腦時尚提
袋，將財運帶著走，萬事皆亨通。

「賺錢福報」葫蘆項鍊
將錢幣與葫蘆結合，錢幣採轉動
式，象徵「賺錢」之意，彷彿錢幣
在轉動之時，帶動賺錢之希望。

「八大法器」項鍊組

北京禮品

上朝了 潮服T恤

自 2005 年台灣開始參加幾屆北京文博會後，北京當局深感台灣在文創發展的領先優勢，特別請我們設計「北京禮物」的主題文創。

北京貴為中國首都，亦為明、清之定都京城，最主要的地標就是明、清時代的紫禁城，即現今之北京故宮博物院。北京故宮因其歷史價值及歷代收藏，成為各風景名勝區遊客之冠，也是中國皇家建築中保存最為完整之文化遺產，是內地及國際遊客必造訪之首選。

於是我以「皇城」的概念，設計了潮服T恤。清朝官服承襲自明朝文官、武官各有九品的官階形制，主要在蟒袍外掛之胸、背各綴一塊方形補子，文官補子繡上各式禽鳥紋樣，武官則繡上各種猛獸紋樣，以示官位尊卑。

為了讓上京遊客體會昔時文武官員走在上朝大道上的威風感，我選擇清朝文、武官中最大官位—文官一品的仙鶴補，及武官一品的麒麟補為主題。

所謂的「文創禮品」，就是要大眾化、普及化，自用及餽贈朋友都可促進生活愉悅感，因此特別以展示型的平價T恤為載體，模倣朝服中開襟的形制，章補印在胸前正中央，上下分別加上布盤扣，文官白底、紅底為女士款，武官白底、藍底為男士款。穿上一品潮T，人人都有官樣子，走起路來似乎也威風凜凜了！

這款簡單的T恤，藉由一品章補圖案的加持後，不但中外人士立即可以意會，且不論彼此熟悉與否，話匣子容易打開，人與人之間的溫度開始發酵，是既有趣又有戲的「SHOW型」文創。

前往北京故宮實地考察

武漢禮物

武漢，在我印象中馬上可以聯想的就是「武昌起義」這個歷史印記了，所以當楚天集團和我聯繫，希望能為武漢開發文創禮品時，瞬間感覺血液開始沸騰，似乎要整裝待命出征了！

當我親臨武漢，車子橫越過長江上方，混濁的江面上由遠而近零星散布著施工船、運輸船、捕漁船等在平靜江面上緩緩移動，左右一望無際的江水在薄霧中消失於兩端，心情震盪著這歷史印記中既熟悉又疏離的千年江水漫漫……

武漢禮物的標的正是長江，在設定以「長江」為名的主題前，武漢市旅遊發展投資集團旗下的湖北長江文化研究院，由「長江人文山水畫中心」，集結三十多位主力畫家、一百多位助力畫家耗時三年，創作出當今全世界最長、文化最深、手法最新的史詩宏圖長卷。

該長卷幽深歷史文化，建築在擁有 16 編 128 卷 5000 萬字規模之巨《中華長江文化大系》600 名專家和《北緯綠斑》8 卷本共 420 萬字研究著作的基礎之上，按照長江 6300 公里總長，3000 年人文自然變遷，第一次採用航拍技術，衛星定位方式，傳統透視技法，國畫繪製技巧，以 1.28×630（米）十分之一長江全長的規模，將長江流域的人文歷史和自然山水再現於長卷之上。

該長卷以表現長江流域的人文景觀為主，自然景觀為輔，其重點人文與自然的名區與特色共七卷如下：自然神祕青藏文化區（青海、西藏）、七彩霓虹雲貴文化區（雲南、貴州）、詭譎強悍巴蜀文化區（四川全部、湖北局部）、精細頑勇荊湘文化區（湖南、湖北）、睿智通達贛皖文化區（江西、安徽）、細巧精緻吳越文化區（江蘇、浙江）、五光十色滬上文化區（上海），以及與之相鄰的亞文化區。

畫卷表達的文化重點為七大文化區內的名山名嶺、名河名湖、名勝名跡、名村名鎮和民風民俗，其入畫景觀達 1000 多個之多。

　　此畫創作採用了超越歷史的表現手法，即縱橫千載，瞬間百年；超越時空的表現手法，即五景穿插，咫尺千里；超越強弱的表現手法，即枯潤相間，皴染交錯；超越史藝的表現手法，即藝術交織，歷史縱深；超越險奇的表現手法，即剛柔相濟，陰陽互糅；超越定位的表現手法，即空間剛性，時間柔性；超越中西的表現手法，即中式寫意，西式寫實；超越規模的表現手法，即文化縱深，長度超前。其中，還有相當多的景觀，在現實中已經消失，而由專家論證復原後，再由畫家創作而成。

　　630 米的長江人文山水畫，展開超乎想像的豐沛氣勢，我在畫院中親見 53 幅長軸一一束起成小山，而院長帶領的畫家們還在進行最後一卷的布局點景，長卷固定在牆面，畫家在豎著的宣紙上作畫，格外挑戰直立作畫肢體習慣上的適應性。

　　在這 630 米畫作中，我必需有所取捨，就聚焦在荊湘段（湖南、湖北），雖然是全長的七分之一，如何擷取也是需仔細思維反覆推敲，當然湖北最著名地標 —— 黃鶴樓是一定為首的選擇。我們一段段欣賞評估，好像在長江上空雲遊的神仙，觀賞的不只是長江沿岸景點，包括起伏曲折的地景、密林中隱約的村落，廟會人群鑽動的喧騰、山澗傾瀉而下壯麗的瀑布等皆栩栩如生的在畫中鮮活起來，在這偉大的視覺洗禮下，最終仍需有所抉擇，才能如期在兩個月內完成開發十件高、中、低價位市場需求的任務。

　　我們面臨最大挑戰有二，一是如何在畫作與改變間達到保有原作 DNA 的平衡，二是所有提案的品項，無論武漢選擇那些，皆需在一個月內完成量產。

　　欣賞完畫作後，開始面對這個巨大的不可能任而務，在設計上首先排除武漢的土家織錦、漆器髹飾、竹雕、漢繡等非遺工藝，由於本計劃期程需趕在武漢園博會中銷售，時間製程、客群及終端售價上皆不符合，因而在此共識下，我們朝量產型的文創商品方向進行。

在定案的十項產品中，分別從賞→山水、遊→行船、動→分享、靜→思逸等四大策略中，對照文房四寶、生活情境、隨身之寶、DIY 彩繪等四大方向一一開發，茲選首波銷售的四個品項說明之。

「長圖尋寶」紙膠帶

台北故宮中最熱賣的文創品項非「朕知道了」紙膠帶莫屬，自此在學生客層中的各式紙膠帶成為一種流行的時尚文具。運用長江長卷圖設計成紙膠帶應是基本款，我們特別精選大水井段及黃鶴樓段，分別設計寬 1.5cm 及 5cm 的山水長圖紙膠帶，在每段循環重覆的銜接處，細修到山水完全自然融入，因此在使用時有無限綿延的藝術精緻性，無形中提升了紙膠帶的價質感。

「近水樓台」水波山水扇（女）

以霧質波紋的竹材骨架結構，結合紗質布材，選用了以「洞庭湖」為主題的山水段景色，特別取江水大景放在扇面中央，與樓台山水波光粼粼交織在半透的紗質光影中，當搖起扇子，江南典雅風情的清秀佳人似乎浮現在眼前。

「扶搖直上」個性山水扇（男）

選擇湖北最著名地標「黃鶴樓」段的山水圖，應用在染色拋光的黑竹材外徑四分之一處，黃鶴樓則以鐳雕方式烙印在黑色扇骨上，取名扶搖直上來對應男用扇的事業祝福，讓男性手持扇成為現代風雅的新古典時尚。

「杯中山水」雙層玻璃杯蓋組

在生活情境面向上，我們提出了燈、盤器及杯的生活實用品，其中在杯子設計上，我們運用與一般常用的馬克杯容量接近的雙層玻璃杯尺寸，採用「木魚鎮」山水段的景緻，經簡化成單色圖案後，以咬霧效果燒製在內層玻璃上。加入茶水後的山水圖在透明液體的介入後，呈現類似海市蜃樓的空靈感，放在案上陪伴我們欣賞杯中迷你山水的奇幻情境。

在杯蓋設計上，採用可食用矽膠材，正圓的造型中央是一座高低起伏的山，山下設計由密到疏的一波波同心水紋，我們指定了 10 種輕快的時尚色系，在不透明的山與半透的水紋交織下，山水可以自由組合，搭配上相同的雙層杯，於是呈現了千變萬化的 20 多種選擇，是同款商品在相同預算中作最多元衍生的典範。

重慶禮品

重慶市人民大禮堂位於渝中區人民路・學田灣，是一座仿古民族建築群，爲重慶獨特的標誌建築物之一，也是重慶的十大文化符號。建築師是張家德先生，仿明、清宮殿形式，主體部分的穹廬金頂，脫胎於北京天壇的祈年殿，禱祝國泰民安之寓意，由大禮堂和東、南、北樓四大部分組成；正中的圓柱望樓，是北京天安門的縮影，南北兩翼鑲嵌著類似北京紫禁城四角的塔樓；1956 年由西南行政委員會更名爲重慶市人民大禮堂，1997 年重慶直轄，拆除大禮堂四周圍牆，成爲文化休閒廣場，2006 年 8 月是大禮堂建成 52 年來最大規模的修復，我們被要求以此爲設計標的，正是修復完成後，需要正式對外宣傳的主力亮點。

大禮堂被評爲「亞洲二十世紀十大經典建築」，同時大禮堂及人民廣場也是國家 AAAA 級旅遊景點，代表著重慶人民開創美好未來的實體核心價值。

本案由重慶方指定以「重慶市人民大禮堂」爲標的開發的小禮品，目的是提供企業往來的禮贈品，時間就是商機，因此設計到交貨速度要飛快。於是我們從辦公室最常用到的實用品爲思考，最後選擇可以在一個月內交貨的感溫變色杯及隨身碟（U 盤）兩種設計。

風雲際會 升溫杯

　　杯子是辦公室中每一人桌上的必有配備，我們選擇較為修長形的瓷杯，除視覺呈現較為優雅外，口徑小較能保溫，咖啡或茶香也較能聚香氣，在繁忙中可以提振使用者的精氣神。

　　重慶大禮堂外觀結構極為繁複，我們需在維持原貌下將其簡化，以色塊及線條表現層層疊疊之層次變化，理性的夜光黑搭配銀色建築線條，化身為辦公桌上的智者，在熱水注入後，隨著上升的熱度，銀灰立即幻化成晴空下璀璨的重慶大禮堂，成為桌上魅力十足的建築語彙，建設了我們的思路，也扮演提升情緒的小精靈，當水溫慢慢下降，漸變的色彩正是提醒使用者飲用的視覺識別，於是灰銀與璀璨之間成為陪伴我們孤獨時的守護者、開會時的加持者，隨時溫暖我心！

風雲密會 隨身碟

　　將重慶大禮堂建築群中，脫胎於北京天壇祈年殿的最顯著主體，單獨提煉成為隨身碟的主要造型。由於隨身碟更小、加上以矽膠材質製作，線條需更為簡化，如重簷圓頂下方的兩層圓柱，我們分別精簡成線條及減少圓柱數量的設計，「重慶市人民大禮堂」的牌匾書法字，則由外面牌樓上移到主建築體下方中央以茲識別。此外，為維持整體建築的完整呈現，USB 晶片按裝在巨大的階梯台基與主建築相接的地平線處，具有外觀結構的完整性與隱藏性，可謂兩全其美。

　　這款相同外觀的隨身碟，我們在色系上作了兩種變化，分別只用兩種配色來表現琉璃瓦頂、大紅廊柱，雕梁畫棟的重慶大禮堂主體，兩者雖為一體，但經由色彩搭配下產生了迥然不同的個性。在客戶成本因素考量下，我們往往受限於成本而在用色上多所抱怨，殊不知在約制下的設計，讓我們用盡心力動腦，設計功力無形中提升了，在表現上仍有不同凡響的傳達方式。

　　這款地標式隨身碟，在有主題性、故事性、紀念的立基點下，對於多少 G，大眾應該沒有那麼在乎了吧！

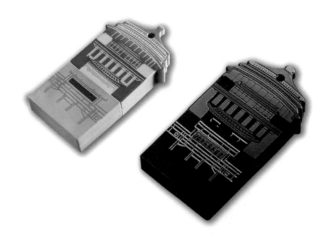

結語

落實土地生根，啓動新地心引力

　　台灣名歌手阿妹—張惠妹，自出道以來一直自信的展現原住民卑南族的風采，2006 年左右，她以一襲母親爲她縫製的卑南族圖騰之十字繡服飾，登上表演舞台，吸引美國化妝品牌 MAC 高層人士的青睞，展開請阿妹授權其十字繡圖騰運用於商品中的行動，並擔任此一系列彩妝品的代言人。這是 2008 年元旦發行於亞洲的個性彩妝品，當我在第一時間買到手後，眼影盒上全面貼了一塊卑南十字繡品，仔細評估是非常接近手繡的機器十字繡，一般人難以分辨爲手工或機織，這是傳統工藝藉重現代工業技術的完美實踐，是具地方文化特色價值又可平價擁有的案例。

化妝品牌 MAC，採用張惠妹衣服上的十字繡圖騰，設計的眼影盒、口紅等彩妝品。

　　華人長期以來都奉西方文化爲圭臬，如研讀西方文藝美學、購買西方奢侈品等，導致長期以來失去自我的文化自信，而在設計上優先迎合消費取向的自我文化壓抑現象。大陸自 2000 年崛起後，開始帶動全球性的亞洲熱，原本我們老祖宗流傳下來的有形、無形文化資產，瞬間被歐美等國設計師們競相擷取應用於時尚、生活等品項上，才終於驚醒我們對自身文化的反思與重視，紛紛投入屬於中華文化的挖掘尋根，開始形成自我文化覺醒的蝴蝶效應。

　　對於中華文化自小即斷層的設計師而言，在進入文創領域或爲地方尋根時，最大的迷思是不知如何將文化精髓轉換，只能以複刻

或高仿品的形式產出，而如何古爲今用連結新時代語彙，則非速成文化可及。本書提供各種地方基因的量身客製案例，非複製或模倣可以落實其他地域，其中經田野調查、分析評估地方特色及產業取向，再依據市場目標客層需求一一打造，過程繁複但科學，茲將地方掌中乾坤以掌紋建構如下：

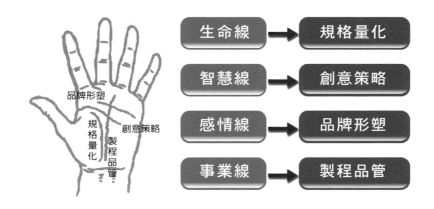

規格量化是市場機制的生命線

文化創意產業中的「產業」定義，就是很重要的量化觀念，一件歷時一年半載完成的工藝創作，不能算是產業。因此如何透過現代機具輔助、異材質的搭配結合、配方或技術層面的改良提升、專業分工的生產流程建構等，是改良傳統耗時耗力的手工製程基本原則。例如從手拉坏到開模量化、從手工雕刻到鐳雕輔助、從一針一線刺繡到電腦開版機繡、從單一材質到複合媒材的快速製程等，就是量化的啓動，產業在量的生產複製下才算是具有市場競爭力、可以接受時效訂單的產業生存法則。

創意策略是市場定位的智慧線

任何時代都非常需要傳統與創新的混血，尤其伴隨科技而來的疏離感，唯有在藝術與文化的加溫後，方能展現好氣色。產業轉型，應視爲一種整形重建系統，首先必須根據產業本身的核心優勢，例如獨特配方、傳承技巧等爲圓心，以資金、人才、企圖等畫出能力所及的範圍，在此幅員中找出目標客層、市場需求、空白、或預測未來趨勢等方向，再制訂創意策略，打造開發具消費價值的新商品。

未來市場仍然以「動情愫」作爲催化劑，舉凡幽默的、感動的、傳情的、紓壓平衡的、期待的、安慰的、享樂的、溫馨的、互動的等具溝通話題的各種主張，凡能牽動內在情緒的相關商品，就能穩定消費客層基本盤。

品牌形塑是市場攻心的感情線

優質品牌形象是商品的靈魂，由品牌建立到品牌故事的鋪陳，則是通往消費者心靈大道之鑰，因此品牌塑造如能與品牌故事相扣，就塑造了品牌的生命價值。

五、六〇年代的品牌，常常由老闆自己命名，取一個和家族或成員有關的名字，或吉祥意涵討一個吉利的命名，如果崇尚西方的就來一個洋名來標榜舶來品的高貴感。如今品牌早已進入以策略爲核心的理性指標，行銷世界的文創品牌如法藍瓷 FRANZ，中、英文發音雷同，琉園品牌 tittot，由晶瑩剔透闡述琉璃「剔透」質感爲名，皆爲由中文定名後再音譯轉換的英文名，老外念出此品牌名，正如講著中文般的神奇，因此華文品牌開始走向中式新音譯的趨勢，也就是中文確定後將之音譯成英文字母，這樣在全球註冊上也較易申請通過。

至於地方產品的品牌，受限於產量不大，只限供應內銷市場下，只要取好中文名，符合目標客層及定位，有趣、耐人尋味的被吸引，

並能連結產品意象，達到基本目的就算合格了；而最厲害的品牌是能讓目標客層接觸一次就記住，不需要藉由各種傳播媒體疲勞轟炸式的植入記憶庫，因此優秀的品牌命名，是創造未來無限價值的點金棒！為品牌塑造故事，則可依據各面向從真實到虛擬的布局，重要的是能在品牌和消費者間牽起一條紅線，藉以維繫彼此美妙的共振互動關係，就可發酵建立成長久性的黏合力。

製程品管是建立口碑的健康線

傳產轉型後，打造和生活市場接軌的量化商品，會從單品發展成系列，或從主角到家族週邊延伸，進而跨越材質、格局等多元結合，這是隨著建立文化 IP 後的永續經營藍圖；此時需要建立製程管理制度，包括物料、庫存、倉儲、機具維修、技術提升、產能效率、品質控管、通路進貨、售後服務等繁瑣項目的嚴格把關，方能奠定優質商品口碑，進而強化品牌形象。因為唯有建立在地文化識別，方能打破同質化迷思，展現地方文創商品的高能見度，開創一條接地氣的永續經營康莊大道。

傳統與現代分據時間軸的兩端，但無論時代如何推進，承載文化的傳統思維脈絡是根深蒂固的，它傳承該民族的獨特基因，唯有血脈相連的系統才得以先天的優勢發揚光大。

屬於我們自有土地上的轉變，如農創、旅創、文創、手創等的現代思維，必需以傳統文化為經、時代需求為緯，方能精準定出親人性的接地氣座標，創造出兼具文化與時代主張的動人設計，傳導出產品的生命線、智慧線、感情線、健康線一手掌握的清晰脈動，開創一條與時俱進、與土地相契、與文脈共振的天地人平和友善大道。

感 謝 設 計 領 域 學 者 專 家 共 同 推 薦

以下依姓氏筆畫排序

AKIBO 李明道 藝術家、設計師

于國華 國立臺北藝術大學藝術行政與管理研究所助理教授

王文雄 南臺科技大學創新產品設計系主任

吳淑明 東方設計學院校長

呂坤和 金門文化局局長

吳守哲 正修科技大學藝文處處長兼時尚生活創意設計系主任

吳曉雲 連江縣文化局局長

汪明生 國立中山大學教授暨中華公共事務管理學會理事長

邱正生 台灣文化創意產業聯盟協會理事長

李 銓 銘傳大學校長

李貴連 國立臺中科技大學商業設計系助理教授

官政能 實踐大學副校長

林美吟 臺南大學視覺藝術與設計學系教授

林珮淳 國立臺灣藝術大學多媒體動畫藝術系所教授

林裕權 佛光大學圖資長

林品章 台南應用科技大學校長

林宏澤 中華民國美術設計協會前理事長暨台南應用科技大學視傳系教授

林廷宜 國立臺灣科技大學工商業設計系副教授暨人文藝術中心主任

周立倫 南華大學藝術學院創意產品設計學系副教授暨台灣珠寶金工創作協會前理事長

施令紅 中華民國美術設計協會理事長暨師大設計學系研究所教授

姚村雄 國立高雄師範大學藝術學院院長

俞龍通 國立聯合大學文化觀光產業學系副教授

翁英惠 樹德科技大學講座教授（前設計學院院長）

翁徐得 國立台灣工藝研究所第一任所長

陳歷渝 中原大學創意設計研究中心主任

陳合成 台北海洋技術學院副教授兼教務長

陸定邦 國立成功大學工業設計學系特聘教授

陳俊智 國立高雄師範大學工設系教授暨台灣感性學會理事長

郭政忠 國立臺中教育大學文化創意產業設計與營運學系助理教授

原 來 明道大學時尚造形學系助理教授

高至尊 銘傳大學商業設計學系教授兼系所主任

許和捷 國立臺灣師範大學設計學系教授兼總務長

許杏蓉 國立臺灣藝術大學設計學院院長

張世宗 國立臺北教育大學教授

張道本 中原大學商業設計系所主任

章琦玟 中華平面設計協會理事長

游明龍 亞洲大學視傳系教授暨游明龍設計公司藝術總監

黃雅玲 崑山科技大學創意媒體學院院長

黃世輝 國立雲林科技大學設計學院院長

黃俊傑 國立屏東科技大學木材科學與設計系教授兼台南家具博物館魯班學堂堂長

董澤平 國立臺灣師範大學特聘教授兼全球創新創業中心主任

葉茉俐 前明道大學設計學院院長

翟治平 國立高雄應用科技大學文化創意產業系系主任暨所長

蔡進興 景文科技大學視傳系前系所主任

蔡啟清 崇佑技術學院視覺傳達設計系副教授

劉維公 東吳大學社會學系副教授暨台灣創意經濟促進會理事長

劉棠思 朝陽科技大學視覺傳達設計系專任助理教授

賴建都 國立政治大學廣告學系教授暨台灣廣告與公關學會理事長

蕭引鳳 大陸通商專業事務所總經理暨南台灣產學聯盟協會副理事長

嚴 貞 嶺東大學副校長兼設計學院院長

• 本書封面用紙 聯美紙業 萊卡奇豔象牙紋（超白）240gsm，內頁用紙為同款紙張之 100gsm

Hello! Design15

把土裡土氣變揚眉吐氣
一鄉一特色，地方產業文創與商品設計關鍵密碼

作　　　者— 程湘如

編　　　輯— 謝翠鈺

美術設計— 頑石文創

　　　　　　封面插圖—侯孝哲、編排設計—林宗毅

行銷企劃— 廖婉婷、李昀修、廖雅文

董 事 長
　　　　— 趙政岷
總 經 理

出 版 者— 時報文化出版企業股份有限公司

　　　　　　10803 台北市和平西路三段二四○號七樓

　　　　　　發行專線— (○二) 二三○六六八四二

　　　　　　讀者服務專線— ○八○○二三一七○五

　　　　　　　　　　　　(○二) 二三○四七一○三

　　　　　　讀者服務傳真— (○二) 二三○四六八五八

　　　　　　郵　　　撥— 一九三四四七二四時報文化出版公司

　　　　　　信　　　箱— 台北郵政七九～九九信箱

時報悅讀網— http://www.readingtimes.com.tw

法律顧問— 理律法律事務所　陳長文律師、李念祖律師

印　　　刷— 詠豐印刷有限公司

初版一刷— 二○一六年十月十四日

定　　　價— 新台幣四八○元

時報文化出版公司成立於一九七五年，
並於一九九九年股票上櫃公開發行，於二○○八年脫離中時集團非屬旺中，
以「尊重智慧與創意的文化事業」為信念。

國家圖書館出版品預行編目 (CIP) 資料

把土裡土氣變揚眉吐氣：一鄉一特色，地方產業文創與商品設計關鍵密碼 /
　程湘如作 . -- 初版 . -- 臺北市：時報文化, 2016.10
　　面；　公分
　ISBN 978-957-13-6800-9(平裝)
　1. 文化產業 2. 創意 3. 臺灣
　541.2933　　　　　　　　　　　　　　105018311

ISBN 978-957-13-6800-9
Printed in Taiwan

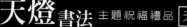
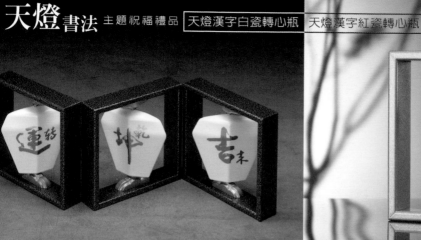
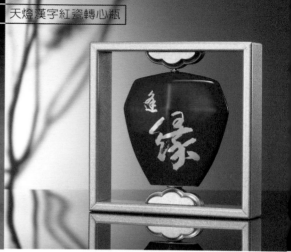

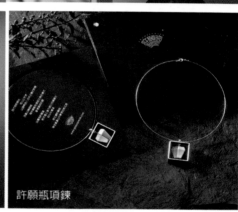

啟動愉悅書寫四大系列人生、事業、轉運、愛情，每系列三種吉祥意涵筆記本，共計 12 款

品名 \ 售價	原價	讀者優惠價	品名 \ 售價	原價	讀者優惠價
天燈漢字白瓷轉心瓶	6600	5280	天燈薰香盒	2500	2000
天燈漢字紅瓷轉心瓶	8800	7040	天燈養心墊	500	400
天燈許願瓶項鍊	1000	800	石中線香盤	2000	1600
天燈許願筆記本組	300	240			

• 若選擇之產品售罄，將由專人聯繫處理。

• 各品項皆有多款選擇，請連結「許願瓷」官方網站 www.promisewish.com.tw 瞭解更多詳細介紹或電洽 02-27790515 分機 12　※ 本活動專屬讀者享有，故本回函須以正本寄回，方能享有優惠，影印無效
　※ 請逐一填入欲購品項於下方表格

許願瓷官方網站

	產品序號	作品名稱	顏色	數量	備註
1					
2					
3					
4					
5					

訂購人：＿＿＿＿＿＿＿＿＿＿＿＿＿＿＿＿＿

聯絡電話：H＿＿＿＿＿＿＿　M＿＿＿＿＿＿＿

地　址：＿＿＿＿＿＿＿＿＿＿＿＿＿＿＿＿＿

Email:＿＿＿＿＿＿＿＿＿＿＿＿＿＿＿＿＿

銀行名稱：兆豐國際商業銀行 台北分行
銀行代碼：017
匯款帳號：202-09-05177-7
戶名：頑石文創開發顧問股份有限公司

※ 請對摺黏封後直接投入郵筒，請不要使用釘書機。

廣 告 回 信
台 北 郵 局 登 記 證
台 北 廣 字
第 2 2 1 8 號

時報文化出版股份有限公司

108 台北市萬華區和平西路三段 240 號 7 樓

悅讀線 收

把土裡土氣變揚眉吐氣

一鄉一特色

地方產業文創與商品設計密碼

※ 請對摺黏封後直接投入郵筒，請不要使用釘書機。

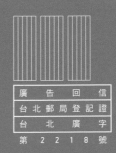

廣 告 回 信
台 北 郵 局 登 記 證
台 北 廣 字
第 2 2 1 8 號

時報文化出版股份有限公司

108 台北市萬華區和平西路三段 240 號 7 樓

悅讀線 收

把土裡土氣變揚眉吐氣
文創設計商品回函抽獎大放送！

請您完整填寫讀者回函內容，將此回函寄回時報文化參加抽獎，
就有機會抽中**文創好禮**。

活動時間：即日起至 2016 年 12 月 31 日止（郵戳為憑）
得獎公佈：2017 年 1 月 5 日於「時報出版」粉絲頁
抽獎贈品：黑貓三俠—果凍小書籤

30 份

注意事項│
1 • 為維護個人權益，請務必填妥個人資料，以利後續聯繫作業
2 • 回函卡必須以正本寄回，影印無效

姓名＿＿＿＿＿＿＿＿＿＿＿＿＿＿＿＿＿＿＿＿＿　□先生　　□小姐

年齡＿＿＿＿＿＿＿＿＿＿＿＿＿＿＿＿＿＿＿＿＿＿＿＿＿＿＿＿＿＿＿

職業＿＿＿＿＿＿＿＿＿＿＿＿＿＿＿＿＿＿＿＿＿＿＿＿＿＿＿＿＿＿＿

聯絡電話　H ＿＿＿＿＿＿＿＿＿＿＿＿＿＿ M ＿＿＿＿＿＿＿＿＿＿＿＿

地址□□□＿＿＿＿＿＿＿＿＿＿＿＿＿＿＿＿＿＿＿＿＿＿＿＿＿＿＿＿

E-mail ＿＿＿＿＿＿＿＿＿＿＿＿＿＿＿＿＿＿＿＿＿＿＿＿＿＿＿＿＿